# French B...

Prepare for DELF A1.1

Multibhashi Solutions Pvt Ltd

ISBN 978-93-5458-924-9
© Multibhashi Solutions Pvt Ltd 2021
Published in India 2021 by Pencil

*A brand of*
One Point Six Technologies Pvt. Ltd.
123, Building J2, Shram Seva Premises,
Wadala Truck Terminal, Wadala (E)
Mumbai 400037, Maharashtra, INDIA
**E** connect@thepencilapp.com
**W** www.thepencilapp.com



DISCLAIMER: *The opinions expressed in this book are those of the authors and do not purport to reflect the views of the Publisher.*

# Author biography



**Multibhashi**

Office no 214, Second floor, Arcade, Brigade Metropolis, Mahadevapura, Bengaluru, Karnataka 560048

www.multibhashi.com

**Note:**

In a few lessons we have added QR codes which contains youtube videos.

Please follow below steps:

1. To scan QR code go to : www.qrcodescan.in

2. Select "allow" option to scan

3. Click on "Open" to play videos

# CONTENTS

# Preface

This book introduces basic concepts of French for new learners. Many learners who are interested in exploring a new language are unable to do so due to lack of time. This book focuses on introducing the basic grammar, conversation and comprehen- sion topics to the new learners. The book covers a wide range of skills including grammar, reading comprehension, writing practice, listening comprehension and conversation samples.

The main aim of this book is to ensure that new learners get ample practice in the language. The book includes practice exercises at the end of each chapter followed by the response to exercises. The conversation practice exercises cover dialogues from day to day interactions.

# French Basics

**CLASS OBJECTIVE:**I will be able to know the basic French pronunciation and words.

**Concept A: Reasons to learn French**

- **It's one of the world's 15 most spoken languages.**It's estimated that there are over 220 million French speakers worldwide. This makes French one of the top 10 most spoken languages in the world.

- **It's spoken on 5 continents.**From the streets of Paris to the shores of Africa, the islands of the Caribbean and everywhere in between, French speakers can be found in North America, South America and the Caribbean, Africa, Europe, and even in formerly French-occupied parts of Asia. This makes it an extremely useful language for travelling the world.

- **It's your entrance into Europe and international relations.**French is the second-most widely spoken language in Europe and the second most widely learned language after English. It's also both a working and official language of the United Nations, the European Union, UNESCO, NATO, the International Red Cross, International Courts and the International Olympic Committee.

- **It's a great career asset.** French is very useful in the business world since many multinational companies in a wide range of sectors use French as their working language. France is also the world's fifth biggest economy. French is essential for anyone interested in a career with an international organization like the ones we mentioned above.

## Concept B: FRENCH ALPHABETS

| A | aah (like opening your mouth for the dentist) | ananas | -pineapple |
|---|---|---|---|
| B | beh | bateau | -ship |
| C | say | carte | -map |
| D | day | donner | -to give |
| E | euh | école | -school |
| F | eff | famille | -family |
| G | jay (like J in English) | glace | -ice / ice cream |
| H | ash | hôpital | -hospital |
| I | ee | image | -image |
| J | jee (similar to G in English) | je | I |
| K | kah | kilo | -kilogram |
| L | el | lunettes | -glasses |

| | | | |
|---|---|---|---|
| M | em | mère | -mother |
| N | en | non | -no |
| O | oh | odeur | -smell |
| P | pay | porter | -to wear / to carry |
| Q | coo | qui | -who |
| R | err | rouge | -red |
| S | es | samedi | -Saturday |
| T | tay | tu | -you |
| U | u | une | -one |
| V | vay | vous | -you |
| W | dooble vay | wagon | -car |
| X | eex | xylophone | -xylophone |
| Y | ee-grayk | les yeux | -the eyes |
| Z | zed | zèbre | -zebra |

## Concept C: Syllables with the vowels

- eu: jeune; bleu

- au: automne; faux

- an: maman; charmant

- en: vent; lentille

- ain: pain; vain

- in: vin; malin

- ui: oui, puis

- ou: roux; loup

- on: ronde; longue

- eau: chapeau, tableau

- oi: poisson; croire

## Concept D: Subjects (Pronouns)

| Singular | | |
|---|---|---|
| 1st person | I | Je |
| 2nd person | You | Tu |
| 3rd person | He, It | Il |
| 3rd person | She, It | Elle |
| **Plural** | | |
| 1st person | We | Nous |
| 2nd person | You (Plural/Formal) | Vous |
| 3rd person | They | Ils |
| 3rd person | They | Elles |

## Concept E: Recall the Basic French Words

- Bonjour = Hello, Good morning.

- Salut = Hello

- Bon après-midi = Good afternoon

- Bonsoir = Good Evening

- Bonne nuit = Good night

- Au revoir = Goodbye.

- Pardon = Excuse me

- Désolé = Sorry

- D'accord = Okay

- Oui = Yes.

- Non = No

- Merci = Thank you.

- Merci beaucoup = Thank you very much.

- Fille = Girl.

- Garçon = Boy.

## PRACTICE A: Answer the following

- How do you say 'Good Morning'?

- How do you thank you to someone?

- Pronounce the word Jeune.

- Pronounce the word Pain.

- Pronounce the word Ronde.

- Pronounce the word Puis.

## PRACTICE B:

- I = _______

- _______ = Tu

- He = _______

- _______ = Elle

- We = _______

- You (formal and Plural) = _______

- _______ = Ils

- _______ = Elles

## Answers to PRACTICE A:

- Bonjour

- Merci

- Jun (जन)

- Paan (पान)

- Rond (रॉंद)

- Pui (पुई)

## Answers to PRACTICE B:

- Je
- You
- Il
- She
- Nous
- Vous
- They (male)
- They (female)

## Lesson Summary :

Scan QR code to play pronunciation audios

| Concept in French | Concept in English |
| --- | --- |
| Bonjour | Hello, Good morning |
| Salut | Hello |
| Bon après-midi | Good afternoon |
| Bonsoir | Good Evening |
| Bonne nuit | Good night |
| Au revoir | Goodbye |
| Pardon | Excuse me |
| Désolé | Sorry |
| D'accord | Okay |
| Oui | Yes |
| Non | No |
| Merci | Thank you |
| Merci beaucoup | Thank you very much |
| Fille | Girl |
| Garçon | Boy |
| eu | French Vowel eu |
| au | French Vowel au |
| an | French Vowel an |

| | |
|---|---|
| en | French Vowel en |
| Ain | French Vowel Ain |
| in | French Vowel in |
| ui | French Vowel ui |
| ou | French Vowel ou |
| on | French Vowel on |
| eau | French Vowel eau |
| oi | French Vowel oi |
| jeune | young |
| automne | autumn |
| maman | mom |
| vent | wind |
| pain | bread |
| vin | wine |
| oui | Yes |
| roux | ginger |
| ronde | ronde |
| chapeau | hat |
| poisson | fish |
| bleu | blue |

| | |
|---|---|
| faux | false |
| charmant | charming |
| lentille | lens |
| vain | vain |
| malin | clever |
| puis | then |
| loup | wolf |
| longue | long |
| tableau | board |
| croire | believe |
| Je | I |
| Tu | You |
| Il | He, It |
| Elle | She, It |
| Nous | We |
| Vous | You (Plural/Formal) |
| Ils | They |
| Elles | They |
| aah | A |
| say | C |

| | |
|---|---|
| day | D |
| euh | E |
| eff | F |
| jay (like J in English) | G |
| ash | H |
| ee | I |
| jee (similar to G in English) | J |
| kah | K |
| en | N |
| rouge | red |
| vous | you |

# French culture and civilisation

**CLASS OBJECTIVE: To study more about France.**

**Concept A : Do you know where France is located?**

● La France est un pays d'Europe de l'ouest.(France is a country in Western Europe)

● La France est le troisième plus grand pays en Europe.(France is the 3rd largest country in Europe)

● La France est grande et belle(France is largest and beautiful country)

● La Capitale de la France-C'est Paris.(The capital of France is Paris)

● Paris est la ville Lumière et la ville de la mode(Paris is the city of lights and the city of fashion.)

**Concept B - Learning about the country France and thethings it's famous for.**

1. Les pays voisins de la France sont:(the neighbouring countries of france are)-

La Belgique(Belge)la Suisse(Switzerland)l'Espagne(spain), L'Allemagne(Germany), L'Italie(Italy), Le Luxembourg(Luxembourg).

2. La France est connue pour ses Fromages(France is famous for its cheese),

ses parfums(perfumes),

ses monuments(monuments),etc,

La France est connue pour les 'beaux Arts'aussi.(France is known for its fine arts also.)

3. Les fromages célèbres(famous) de la France sont (famous cheeses of Franceare)-

le camembert,le brie,le gruyère.

4. Les monuments célèbres de la France sont(the famous monuments of france are)-

la cathédrale de Notre Dame,le Musée du Louvre,le Sacré-Coeur,le panthéon etla tour Eiffel.

5. À Paris,il ya beaucoup de couturiers célèbres comme

(In Paris,There are a lot of famous dressmakers like)

Coco Chanel,Christian Dior etc

6. La monnaie de la France est l'euro(The currency of France is the euro)

Les villes françaises sont(the cities in france are)-

Marseille,Lyon,Nice,Toulouse.

**Concept C: Do you know?**

● **The French Flag has three prominent colours-bleu,blanc,rouge.**

● There are over 600 types of cheese found in France.

- France is the largest wine producer in the world.

- French long bread is called **'la baguette'**.

- La tour Eiffel(Eiffel tower) was built in 1889 by **Gustave Eiffel**.

- Le musée du louvre houses some of the world's most renowned and famousartworks including MONA LISA.

In french, Mona Lisa is known as **'la Jaconde'**.

**Practice A – Choose the correct answer**

1. La monnaie française est ——————(roupie/euro/dollar)

2. Une ville française est ————(Lyon/londres/Rome)

3. La France est le ————(premier/quatrième/troisième)

4. Un pays voisin de la France est ———(L'Italie/L'Algérie/Le Pakistan)

## Practice B - Name the following

1. Des villes françaises

2. Les pays voisins de la France

3. Les fromages français

4. Les couturiers français

## Practice A answers:

1.euro

2.Lyon

3.troisième

4.l'Italie

## Practice B answers:

1.Nice,Toulouse

2.la Suisse,l'Italie

3.le camembert, le brie

4.Coco Chanel,Christian Dior

# French greetings and expressions

**Class Objective**– I will be able to greet friends and acquaintances in formal and informal setting and use expressions.

## Concept A- How to greet?

● Bonjour (hello / good morning) (Formal)

● Salut (Hi/Hey ) (Informal)

● Bon après-midi (good afternoon)

● Bonsoir (good evening)

● Bonne nuit (good night)

● Bonne journée (Have a good day)

● Bonne soirée (Have a good evening)

● Au revoir (goodbye)

## Concept B – Distinguish between a formal and an informal situation

• À l'université (at the university)

1. Greeting a professor

- Bonjour professeur /monsieur/madame

2. Greeting a friend

- Salut Maria

## Concept C – Useful Expressions

- Salut- Hi (Informal)

- Bonjour- Hi/Good Morning (Formal)

- Monsieur: Sir

- Madame: Mrs/Ma'am

- Mademoiselle: Ms/Ma'am

- Merci – thank you

- Merci beaucoup- Thank you so much

- Pardon – sorry/excuse me

- De rien – welcome (responding to thank you)

- Bienvenue – welcome (at home / at a restaurant)

- À demain - see you tomorrow

- À lundi- see you on Monday

- À plus tard- See you later

- à la semaine prochaine – see you next week

- Au revoir – bye

- Bonne chance – best wishes /all the best

- Bon appétit – have a good meal

- Bon voyage- Have a good trip

- Enchanté (m) – pleased to meet you

- Enchantée (f) – pleased to meet you

- S'il te plait (inf) – please

- S'il vous plaît (formal) – please

- Comment ça va? (inf) – how are you?

- Comment allez-vous? (formal) – how are you?

- Je vais bien. – I am fine (formal)

- Ça va bien. – I am fine (informal)

- Comment tu t'appelles? - What is your name?

- Je m'appelle Niyati- My name is Niyati

- Pas mal- Not bad

## Practice A: (pratiquer)

A- Greet your professor

B- Greet a friend

C- Ask a friend how he/ she is doing?

D- Ask your professor how they are doing?

## Practice B:

## A. Match the English to the French

A.Je m'appelle                Goodbye

B.Bonjour                    I'm ok

C.Au revoir                  What's your name?

D.I'm very well              Ça va très bien

E,Pas mal                    I'm not ok

F.Ça ne va pas               My name is

G.Ça va bien                 How are you?

H.Comment tu t'appelles?   Hello

I.Ça va?                     I'm well

**B. Fill in the gaps:**

1. Je __ 'appelle Bob.

2. Bonjou_

3. Bonjour, ça_?

4. Ça ne va p_-

5. Ça va très bien, au rev _ _ r.

6. Comment t'appelles?

7. Ça_ _ bien.

**Practice C: Give the English equivalent of the following words.**

1. Salut =

2. Bonjour =

3. Pas mal =

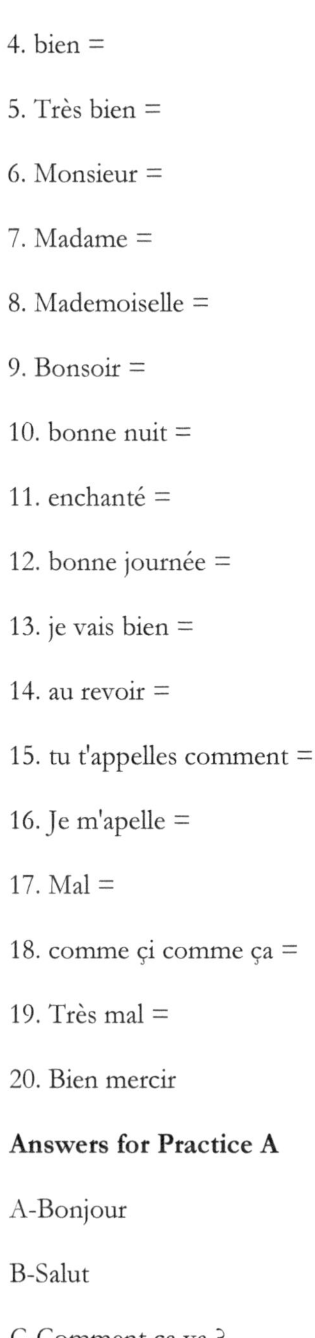

4. bien =

5. Très bien =

6. Monsieur =

7. Madame =

8. Mademoiselle =

9. Bonsoir =

10. bonne nuit =

11. enchanté =

12. bonne journée =

13. je vais bien =

14. au revoir =

15. tu t'appelles comment =

16. Je m'apelle =

17. Mal =

18. comme çi comme ça =

19. Très mal =

20. Bien mercir

**Answers for Practice A**

A-Bonjour

B-Salut

C-Comment ça va ?

D-Comment allez-vous ?

**Answers for Practice B**

**A Part**

A- 6

B- 8

C- 1

D- 4

F- 5

G- 9

H- 3

I- 7

**B Part**

1. m

2. r

3. va

4. as

5. oi

6. tu

7. va

**Answers to Practice C**

1. Hello

2. Good Morning

3. Not bad

4. Good

5. Very good

6. Sir

7. Ma'am/Mrs

8. Ma'am/Ms

9. Good Evening

10. Good Night

11. Nice to meet you

12. Good day

13. I am good

14. Bye

15. What is your name?

16. My name is

17. Bad

18. Okay okay

19. Very bad

20. Good, thank you

## Lesson Summary :

Scan QR code to play pronunciation audios

| Concept in French | Concept in English |
| --- | --- |
| Bonjour | Good day / Good morning (formal) |
| Salut | Hello (informal) |
| Bon après-midi | Good afternoon |
| Bonsoir | Good evening |
| Bonne nuit | Good night |
| Bonne journée | Have a good day |
| Bonne soirée | Have a good evening |

| | |
|---|---|
| Au revoir | Goodbye |
| À l'université | At the university |
| Bonjour professeur /monsieur/madame | Greeting a professor |
| Salut / Bonjour Maria | Greeting a friend |
| Salut | Hi (Informal) |
| Bonjour | Hi/Good Morning (Formal) |
| Monsieur | Sir |
| Madame | Mrs/Ma'am |
| Mademoiselle | Ms/Ma'am |
| Merci | thank you |
| Merci beaucoup | Thank you so much |
| Pardon | Sorry/excuse me |
| De rien | Welcome |
| Bienvenue | Welcome (at home / at a restaurant) |
| À demain | See you tomorrow |
| À lundi | See you on Monday |
| À plus tard | See you later |
| À la semaine prochaine | See you next week |

| | |
|---|---|
| Au revoir | Bye |
| Bonne chance | Best wishes /all the best |
| Bon appétit | Have a good meal |
| Bon voyage | Have a good trip |
| Enchanté (m) | Pleased to meet you |
| Enchantée (f) | Pleased to meet you |
| S'il te plait (inf) | Please |
| S'il vous plaît (formal) | Please |
| Comment ça va? (inf) | How are you? |
| Comment allez-vous? (formal) | How are you? |
| Je vais bien. | I am fine (formal) |
| Ça va bien. | I am fine (informal) |
| Comment tu t'appelles ? | What is your name ? |
| Je m'appelle Niyati | My name is Niyati. |
| Pas mal | Not bad |

# Short Self Introduction

**Class Objective**: I will be able to introduce myself and learn a few numbers in French.

**Concept A: Self-Introduction**

1) What's your name?

**Comment tu t'appelles? (informal)**

**Comment vous appelez vous? (formal)**

-My name is Deeksha.

**Je m'appelle Deeksha.**

2) What is your age?

**Quel âge as-tu ? (informal)**

**Quel âge avez-vous? (formal)**

-I am 7 years old.

**J'ai 7 ans.**

3) Where do you live?

**Où habites-tu ? (informal)**

**Où habitez-vous? (formal)**

-I live in Delhi.

**J'habite à Delhi.**

4) Where are you from?

**D'où viens-tu ? (informal)**

**D'où venez-vous? (formal)**

-I am from India.

**Je viens d'Inde.**

5) I am a student (male) in…

**Je suis étudiant en...**

**-I am a student (female)…**

**Je suis étudiante en...**

**Concept B: Numbers**

- One = Un

- Two= Deux

- Three = Trois

- Four = Quatre

- Five = Cinq

- Six = Six

- Seven = Sept

- Eight = Huit

- Nine = Neuf

- Ten = Dix

- Eleven = Onze

- Twelve = Douze

- Thirteen = Treize

- Fourteen = Quatorze

- Fifteen = Quinze

- Sixteen = Seize

- Seventeen = Dix-sept

- Eighteen = Dix-huit

- Nineteen = Dix-neuf

- Twenty = Vingt

**Practice A: Answer the following questions**

Q1. Comment tu t'appelles ?

Q2. Quel âge as-tu ?

Q3. Où habites-tu ?

**Practice B: Write the French translation of the following numbers**

- Three-

- Five-

- Nine-

- Seven-

- Eighteen-

- Ten-

- Four-

- Fourteen-

**Answers to Practice A:**

1. Je m'appelle Khushi.

2. J'ai douze ans.

3. J'habite à Delhi

**Answers to Practice B:**

- Trois

- Cinq

- Neuf

- Sept

- Dix-huit

- Dix

- Quatre

- Quatorze

## Lesson Summary:

Scan QR code to play pronunciation audios

| Concept in French | Concept in English |
| --- | --- |
| Comment tu t'appelles? | What's your name? |
| Je m'appelle Deeksha. | My name is Deeksha. |
| Quel âge as-tu ? | What is your age ? |
| J'ai 7 ans. | I am 7 years old. |
| Où habites-tu ? | Where do you live ? |
| J'habite à Delhi. | I live in Delhi. |
| D'où viens-tu ? | Where are you from ? |
| Je viens d'Inde. | I am from India. |
| Enchanté. | Nice to meet you. |
| Un | One |
| Deux | Two |
| Trois | Three |
| Quatre | Four |
| Cinq | Five |
| Six | Six |
| Sept | Seven |
| Huit | Eight |
| Neuf | Nine |

| Dix | Ten |
| --- | --- |
| Onze | Eleven |
| Douze | Twelve |
| Treize | Thirteen |
| Quatorze | Fourteen |
| Quinze | Fifteen |
| Seize | Sixteen |
| Dix-sept | Seventeen |
| Dix-huit | Eighteen |
| Dix-neuf | Nineteen |
| Vingt | Twenty |

# Numbers (Les Nombres)

**Class Objective–** I will be able to identify, pronounce and write numbers (21 - 100) in French.

**Concept A- Cardinal Numbers 1-20 / Les Nombres Cardinaux 1-20**

| 1-10 | Un à Dix | 11-20 | Onze à Vingt |
|---|---|---|---|
| 1 | Un | 11 | onze |
| 2 | Deux | 12 | douze |
| 3 | Trois | 13 | treize |
| 4 | Quatre | 14 | quatorze |
| 5 | Cinq | 15 | quinze |
| 6 | Six | 16 | seize |
| 7 | Sept | 17 | dix-sept |
| 8 | Huit | 18 | dix-huit |
| 9 | Neuf | 19 | dix-neuf |
| 10 | Dix | 20 | vingt |

- 0 - Zéro

- a digit – un chiffre

- in letter – en lettre (écrivez en lettres)

- a number – un numéro (un numéro de téléphone)

## Concept B- Cardinal Numbers 21-100 / Les Nombres Cardinaux 21-100

| 21-30 | 31-40 | 41-50 | 51-60 | 61-70 | 71-80 | 81-90 | 91-100 |
|---|---|---|---|---|---|---|---|
| vingt et un | trente et un | quarante et un | cinquante et un | soixante et un | soixante et onze | quatre-vingt-un | quatre-vingt-onze |
| vingt-deux | trente-deux | quarante-deux | cinquante-deux | soixante-deux | soixante-douze | quatre-vingt-deux | quatre-vingt-douze |
| vingt-trois | trente-trois | quarante-trois | cinquante-trois | soixante-trois | soixante-treize | quatre-vingt-trois | quatre-vingt-treize |
| vingt-quatre | trente-quatre | quarante-quatre | cinquante-quatre | soixante-quatre | soixante-quatorze | quatre-vingt-quatre | quatre-vingt-quatorze |
| vingt-cinq | trente-cinq | quarante-cinq | cinquante-cinq | soixante-cinq | soixante-quinze | quatre-vingt-cinq | quatre-vingt-quinze |
| vingt-six | trente-six | quarante-six | cinquante-six | soixante-six | soixante-seize | quatre-vingt-six | quatre-vingt-seize |
| vingt- | trente- | quarante- | cinquante- | soixante- | soixante- | quatre-vingt- | quatre-vingt- |

| sept | sept | sept | sept | sept | dix-sept | sept | dix-sept |
|---|---|---|---|---|---|---|---|
| vingt-huit | trente-huit | quarante-huit | cinquante-huit | soixante-huit | soixante-dix-huit | quatre-vingt-huit | quatre-vingt-dix-huit |
| vingt-neuf | trente-neuf | quarante-neuf | cinquante-neuf | soixante-neuf | soixante-dix-neuf | quatre-vingt-neuf | quatre-vingt-dix-neuf |
| trente | quarante | Cinquante | soixante | soixante-dix | quatre-vingts | quatre-vingt-dix | cent |

## Concept C- Ordinal Numbers 1-20 / Les Nombres Ordinaux 1-20

- To change the cardinal numbers into ordinal numbers, except  number 1, add the suffix «ième» to the number.

- Where the number ends in "e", remove the "e" and add « ième ».

- In Cinq, add u before adding the suffix « ième »

- Number 1 is an exception as it becomes le premier or la première.

| 1-10 | Un à Dix | 11-20 | Onze à Vingt |
|---|---|---|---|
| 1 | le premier/ la première | 11 | onzième |
| 2 | deuxième | 12 | douzième |
| 3 | troisième | 13 | treizième |
| 4 | quatrième | 14 | quatorzième |
| 5 | cinquième | 15 | quinzième |
| 6 | sixième | 16 | seizième |
| 7 | septième | 17 | dix-septième |
| 8 | huitième | 18 | dix-huitième |
| 9 | neuvième | 19 | dix-neuvième |
| 10 | dixième | 20 | vingtième |

- If there are only two items, the second one is refered  to as second / seconde instead of deuxième.

## Concept D – Simple Mathematical Operations (Les semples opérations mathématiques)

- 4 + 2 = 6  - quatre plus deux égale six

- 6 – 3 = 3  - six moins trois égale trios

- 2 x 5 = 10 - deux multiplié par cinq égale dix / deux fois cinq égale dix

- 8 / 2 = 4 - quatre divisé par deux égale quatre

## Practice A (pratiquer)

A- Read out the following numbers in French

- 8

- 6

- 5

- 4

- 10

- 15

- 13

- 19

- 20

- 14

B- Tell which number is this ?

- Deux

- Quatre

- Trois

- Seize

- Huit

- Neuf

- Un

- Dix-Huit

- Quatorze

- Douze

C- Convert the following Cardinal numbers into Ordinal numbers.

- Deux

- Quatre

- Trois

- Seize

- Huit

- Neuf

- Cinq

- Un

- Quatorze

- Douze

D- Read these mathematical operations in French?

- $8 + 2 = 10$

- $8 - 2 = 6$

- $8 \times 2 = 16$

- $8 / 2 = 4$

**Lesson Summary:**

Scan QR code to play pronunciation audios

| Un | 1 |
|---|---|
| Deux | 2 |
| Trois | 3 |
| Quatre | 4 |
| Cinq | 5 |
| Six | 6 |
| Sept | 7 |
| Huit | 8 |
| Neuf | 9 |
| Dix | 10 |
| onze | 11 |
| douze | 12 |
| treize | 13 |
| quatorze | 14 |
| quinze | 15 |
| seize | 16 |
| dix-sept | 17 |
| dix-huit | 18 |
| dix-neuf | 19 |

| | |
|---|---|
| vingt | 20 |
| Zéro | 0 |
| un chiffre | a digit |
| en lettre | in letter |
| un numéro | a number |
| vingt et un | 21 |
| vingt-deux | 22 |
| vingt-trois | 23 |
| vingt-quatre | 24 |
| vingt-cinq | 25 |
| vingt-six | 26 |
| vingt-sept | 27 |
| vingt-huit | 28 |
| vingt-neuf | 29 |
| trente | 30 |
| trente et un | 31 |
| trente-deux | 32 |
| trente-trois | 33 |
| trente-quatre | 34 |
| trente-cinq | 35 |

| | |
|---|---|
| trente-six | 36 |
| trente-sept | 37 |
| trente-huit | 38 |
| trente-neuf | 39 |
| quarante | 40 |
| quarante et un | 41 |
| quarante-deux | 42 |
| quarante-trois | 43 |
| quarante-quatre | 44 |
| quarante-cinq | 45 |
| quarante-six | 46 |
| quarante-sept | 47 |
| quarante-huit | 48 |
| quarante-neuf | 49 |
| Cinquante | 50 |
| cinquante et un | 51 |
| cinquante-deux | 52 |
| cinquante-trois | 53 |
| cinquante-quatre | 54 |
| cinquante-cinq | 55 |

| | |
|---|---|
| cinquante-six | 56 |
| cinquante-sept | 57 |
| cinquante-huit | 58 |
| cinquante-neuf | 59 |
| soixante | 60 |
| soixante et un | 61 |
| soixante-deux | 62 |
| soixante-trois | 63 |
| soixante-quatre | 64 |
| soixante-cinq | 65 |
| soixante-six | 66 |
| soixante-sept | 67 |
| soixante-huit | 68 |
| soixante-neuf | 69 |
| soixante-dix | 70 |
| soixante et onze | 71 |
| soixante-douze | 72 |
| soixante-treize | 73 |
| soixante-quatorze | 74 |
| soixante-quinze | 75 |

| | |
|---|---|
| soixante-seize | 76 |
| soixante-dix-sept | 77 |
| soixante-dix-huit | 78 |
| soixante-dix-neuf | 79 |
| quatre-vingts | 80 |
| quatre-vingt-un | 81 |
| quatre-vingt-deux | 82 |
| quatre-vingt-trois | 83 |
| quatre-vingt-quatre | 84 |
| quatre-vingt-cinq | 85 |
| quatre-vingt-six | 86 |
| quatre-vingt-sept | 87 |
| quatre-vingt-huit | 88 |
| quatre-vingt-neuf | 89 |
| quatre-vingt-dix | 90 |
| quatre-vingt-onze | 91 |
| quatre-vingt-douze | 92 |
| quatre-vingt-treize | 93 |
| quatre-vingt-quatorze | 94 |
| quatre-vingt-quinze | 95 |

| | |
|---|---|
| quatre-vingt-seize | 96 |
| quatre-vingt-dix-sept | 97 |
| quatre-vingt-dix-huit | 98 |
| quatre-vingt-dix-neuf | 99 |
| cent | 100 |

## Ordinals

| | |
|---|---|
| le premier | 1 |
| la première | 1 |
| deuxième | 2 |
| troisième | 3 |
| quatrième | 4 |
| cinquième | 5 |
| sixième | 6 |
| septième | 7 |
| huitième | 8 |
| neuvième | 9 |
| dixième | 10 |
| onzième | 11 |
| douzième | 12 |

| | |
|---|---|
| treizième | 13 |
| quatorzième | 14 |
| quinzième | 15 |
| seizième | 16 |
| dix-septième | 17 |
| dix-huitième | 18 |
| dix-neuvième | 19 |
| vingtième | 20 |

# DAYS OF THE WEEK AND MONTHS OF THE YEAR

**Class objective**: To learn the calendar.

**Concept A: Days of the week**

- Lundi- Monday.

- Mardi - Tuesday.

- Mercredi - Wednesday.

- Jeudi - Thursday.

- Vendredi - Friday.

- Samedi - Saturday.

- Dimanche - Sunday.

**Concept B: Months of the year**

- Janvier - January

- Février- February

- Mars - March

- Avril - April

- Mai - May

- Juin - June

- Juillet - July

- Août- August

- Septembre - Septembre

- Octobre - October

- Novembre - November

- Décembre - December

## Concept C: How to ask what date it is in French?

- Date          la date

- Yesterday     hier

- Today         aujourd'hui

- Tomorrow      demain

What's today's date? = Quelle est la date aujourd'hui?

It's 5th May. =  C'est le 5 Mai.

## Practice A

1.  Wednesday-

2.  Friday-

3.  Saturday-

4.  Thursday-

5.  Monday-

## Practice B

1. February-

2. April-

3. October-

4. August-

5. March-

6. June-

7. July-

## Practice C:

## 1. Choose the correct answer

1. septembre

   a) September

   b) October

   c) November

2. juin

   a) July

   b) May

   c) June

3. janvier

   a) June

   b) January

c) July

4. août

   a) August

   b) October

   c) March

5. février

   a) December

   b) April

   c) February

6. juillet

   a) January

   b) July

   c) June

## 2. Unscramble

a) sembrptee = septembre

b) mrsa

c) décree

d) ailur

e) ima

f) normovee

g) obrctoe

## 3. Translate into French

a) December

b) January

## Answer to Practice A:

1. Mercredi

2. Vendredi

3. Samedi

4. Jeudi

5. Lundi

## Answer to Practice B:

1. Février

2. Avril

3. Octobre

4. Août

5. Mars

6. Juin

7. Juillet

## Answer to Practice C

1.

b) June

c) January

d) August

e) February

f) July

2.

a) Septembre

b) Mars

c) Décembre

d) Avril

e) Mai

f) Novembre

g) Octobre

3.

a) Décembre

b) Janvier

**Lesson Summary:**

Scan QR code to play pronunciation audios

| Concept in French | Concept in English |
| --- | --- |
| Lundi | Monday |
| Mardi | Tuesday |
| Mercredi | Wednesday |
| Jeudi | Thursday |
| Vendredi | Friday |
| Samedi | Saturday |
| Dimanche | Sunday |
| Janvier | January |
| Février | February |
| Mars | March |

| | |
|---|---|
| Avril | April |
| Mai | May |
| Juin | June |
| Juillet | July |
| Août | August |
| Septembre | September |
| Octobre | October |
| Novembre | November |
| Décembre | December |
| la date | Date |
| hier | Yesterday |
| aujourd'hui | Today |
| demain | Tomorrow |
| Quelle est la date aujourd'hui? | What's today's date? |
| C'est le 5 Mai. | It's 5th May. |

# Review 1

**CLASS OBJECTIVE: Revision of everything covered so far.**

**Concept A: Basic words and sounds**

- Bonsoir = Good Evening

- Bonne nuit = Good night

- Au revoir = Goodbye

- Merci beaucoup = Thank you very much.

- Fille = Girl.

- Garçon = Boy

- Jeune (eu)

- Maman (an)

- Pain (ain)

- Ronde (on)

## Concept B: Subjects (Pronouns)

| Singular | | |
|---|---|---|
| 1st person | I | Je |
| 2nd person | You | Tu |
| 3rd person | He, It | Il |
| 3rd person | She, It | Elle |
| Plural | | |
| 1st person | We | Nous |
| 2nd person | You (Plural) | Vous |
| 3rd person | They | Ils |
| 3rd person | They | Elles |

## Practice A: Complete the following grid

- ___ = Je

- You = _____

- He/She = Il / ______

- ___ = Nous

- You (Formal/Plural) = ______

- They = ______/ Elles

**Practice B: Answer the following questions(Presenting yourself)**

Q1. Comment tu t'appelles ?

Q2. Quel âge as-tu ?

Q3. Où habites-tu ?

**Practice C- What are these numbers in French ?**

1. Three-

2. Five-

3. Nine-

4. Seven-

5. Eighteen-

6. Ten-

7. Forty-three-

8. Eighty-five-

9. Sixty-

10. Thirty-eight-

11. Fifty-two-

**Practice D**

1. Wednesday-

2. Monday-

3.  Saturday-

4.  Thursday-

5.  Sunday-

## Practice E:

1.  February-

2.  April-

3.  October-

4.  May-

5.  November-

6.  June-

7.  July-

## Answer to Practice A

- I

- Tu

- Elle

- we

- Vous

- Ils

## Answer to Practice B

1.  Je m'appelle Lakshmi

2.  J'ai vingt ans

3.  J'habite à Chennai

## Answer to Practice C

1.  Trois

2.  Cinq

3.  Neuf

4.  Sept

5.  Dix-huit

6.  Dix

7.  Quarante-trois

8.  Quatre-vingt- cinq

9.  Soixante

10. Trente-huit

11. Cinquante-deux

## Answer to Practice D

1.  Mercredi

2.  Lundi

3.  Samedi

4.  Jeudi

5.  Dimanche

## Answer to Practice E

1.  Février

2.  Avril

3.  Octobre

4.  Mai

5.  Novembre

6.  Juin

7.  Juillet

# Expression of Time

**Class objective:**I will be able to understand the French vocabulary and expressions related to time and duration.

**Concept A: French phrases and words about frequency.**

These words answer the question, "how often?"

- une fois

   (once)

- une fois par semaine

   (once a week)

- Deux fois par semaine

   (twice a week)

- quotidien

   (daily)

- tous les jours

   (every day)

- tous les deux jours

   (every other day)

- hebdomadaire

(weekly)

- toutes les semaines

  (every week)

- mensuel

  (monthly)

- annuel

  (yearly)

## Concept B: French Words and Phrases about Relative Time

These words answer the questions, "When did it happen?" or "When will it happen?"

- avant-hier

  (the day before yesterday)

- hier

  (yesterday)

- aujourd'hui

  (today)

- maintenant

  (now)

- demain

  (tomorrow)

- après-demain

(the day after tomorrow)

- la veille de

    (the day before yesterday)

- le lendemain

    (the day after, the next day)

- la semaine passée/dernière

    (last week)

- la dernière semaine

    (the final week)

- la semaine prochaine

    (next week)

- il y a peu de temps

    (a little while ago)

## Concept C: French Words and Phrases about Points in time / Periods of time

Now for the particular moment/ period of time.

- une seconde

    (second)

- une minute

    (minute)

- une heure

(hour)

- un jour, une journée

  (day)

- une semaine

  (week)

- un mois

  (month)

- un an, une année

  (year)

- une décennie

  (decade)

- un siècle

  (century)

- un millénaire

  (millenium)

- le matin

  (morning)

- l'après-midi

  (afternoon)

- midi

  (noon)

- le soir

   (evening)

- le crépuscule

   (dusk)

- l'aube

   (dawn)

- la nuit

   (night)

- minuit

   (midnight)

## Concept D: Prepositions about Time

Now for the prepositions related to time. Keep these in mind as these little words can be quite confusing to some!

- à

   used when expressing the time when a certain action will occur.

   À 8 heures. (At 8 o'clock.)

- en

   used when expressing the length of time, season, month, or year.

   En été. (In summer).

- dans

used when telling the amount of time before an action will happen.

Nous mangerons dans 10 minutes. (We'll eat in 10 minutes.)

● depuis

used when saying the duration of an ongoing activity.

Nous parlons depuis une heure. (We've been talking for an hour.)

● pendant/durant

used when saying the duration of an ongoing activity..

Il a dormi pendant/durant 12 heures. (He slept for 12 hours.)

● pour

refers to the duration of a future event.

Il va parler pour une heure. (He's going to speak for an hour)

**Practice A: MCQs**

| 1.Semaine | A.Week | B.Month | C.Year |
|---|---|---|---|
| 2.Minuit | A.Minute | B.Midnight | C.Now |
| 3.Aube | A.Dusk | B.Dawn | C.Day |
| 4.Maintenant | A.Minute | B.Midnight | C.Now |
| 5.Nuit | A.Day | B.Night | C.Evening |

| 6.Minute | A.Minute | B.Midnight | C.Now |
|---|---|---|---|
| 7.Hier | A.Day | B.Yesterday | C.Day Before |
| 8.Mois | A.Week | B.Month | C.Year |
| 9.Decennie | A.Centuary | B.Decade | C.Year |
| 10.lendemain | A.Today | B.Tomorrow | C.Day After |

**Answers to practice A**

1. A

2. B

3. B

4. C

5. B

6. A

7. B

8. B

9. B

10. C

## Lesson Summary:

Scan QR code to play pronunciation audios

| Concept in French | Concept in English |
| --- | --- |
| Une fois | Once |
| Une fois par semaine | Once a week |
| Deux fois par semaine | Twice a week |
| Quotidien | daily |
| Tous les jours | every day |
| Tous les deux jours | every other day |
| Hebdomadaire | weekly |
| Toutes les semaines | every week |

| | |
|---|---|
| Mensuel | monthly |
| Annuel | yearly |
| avant-hier | the day before yesterday |
| Hier | Yesterday |
| aujourd'hui | today |
| Maintenant | now |
| Demain | tomorrow |
| Après-demain | the day after tomorrow |
| La veille de | the day before yesterday |
| Le lendemain | the day after, the next day |
| La semaine passée | last week |
| La semaine dernière | last week |
| La dernière semaine | the final week |
| La semaine prochaine | next week |
| Il y a peu de temps | a little while ago |
| Une seconde | second |
| Une minute | minute |
| Une heure | hour |
| Un jour | day |
| Une journée | day |

| | |
|---|---|
| Une semaine | week |
| Un mois | month |
| Un an, une année | year |
| Une décennie | decade |
| Un siècle | century |
| Un millénaire | millennium |
| Le matin | morning |
| L'après-midi | afternoon |
| Midi | noon |
| Le soir | evening |
| Le crépuscule | dusk |
| L'aube | dawn |
| la nuit | night |
| Minuit | midnight |
| À 8 heures | At 8 o'clock |
| En été | In summer |
| Nous mangerons dans 10 minutes | We'll eat in 10 minutes |
| Nous parlons depuis une heure | We've been talking for an hour |

| | |
|---|---|
| Il a dormi pendant/durant 12 heures | He slept for 12 hours |
| Il va parler pour une heure | He's going to speak for an hour |

# Telling Time (Dire L'Heure)

**Class Objective–** Learn how to talk about time in French

**Concept A- What time is it? / Quelle heure est-il? (24 hours clock)**

| 1:00 AM | 2:00 AM | 8:00 AM | 12:00 AM |
|---|---|---|---|

Il est une heure.　　Il est deux heures.　Il est huit heures.　　　Il est minuit.

Il est vingt- quatre heures.

| 1:00 PM | 2:00 PM | 8:00 PM | 12:00 PM |
|---|---|---|---|

Il est treize heures.　Il est quatorze　　　Il est vingt heures.
Il est midi.

　　　　　　　heures.
Il est douze heures.

| 7:00 AM | 10:00 AM | 7:00 PM | 10:00 PM |
|---|---|---|---|

Il est sept heures.　　Il est dix heures.　　　Il est dix-neuf　　　Il est vingt-deux heures.

heures.

## Concept B- Telling Time asper 12 hour clock.

Il est une heure.      Il est trois heures.      Il est cinq heures.      Il est sept heures.

Il est neuf heures dix.     Il est dix heures vingt-cinq.     Il est huit heures trente-cinq     Il est quatre heures cinquante.

Il est neuf heures moins vingt-cinq.     Il est cinq heures moins dix.

## Other expressions regarding time :

- Hier –  Yesterday

- Aujourd'hui –  Today

- Demain –  Tomorrow

- L'Après-midi –   Afternoon

- Le Matin –   Morning

- Le Soir –   Evening

- Il est trois heures d'après-midi. – It is three o'clock in the afternoon.

- Il est huit heures du matin, – It is eight o'clock in the morning.

- Il est six heures du soir.        – It is six o'clock in the evening.

## Concept C- Talking about quarter past / half past.

- Quart – quarter

- Demie – half

- Et – and

- Moins – less

| 1:15 AM | 2:15 AM | 8:15 AM |
|---|---|---|

Il est une heure et quart.     Il est deux heures et quart.     Il est huit heures et quart.

| 1:30 AM | 2:30 AM | 8:30 AM |
|---|---|---|

Il est une heure et demie.     Il est deux heures et demie.     Il est huit heures et demie.

| 1:45 AM | 2:45 AM | 8:45 AM |
|---|---|---|

Il est deux heures moins     Il est trois heures moins     Il est neuf heures et moins

le quart.                          le quart.                          le quart.

## Practice A (pratiquer)

A- Dire l'heure en franç ais / Tell time in French. (24 hour format)

| 1:00 AM | 5:10 AM | 9:25 AM | 12:00 AM |
|---|---|---|---|
| 1:00PM | 5:40 PM | 9:05 PM | 12:00 PM |

B- Dire l'heure en franç ais / Tell time in French. (12 hour format)

| 1:15 AM | 7:30 AM | 9:45 AM | 12:10 AM |
|---|---|---|---|
| 5:15 AM | 5:30 PM | 9:45 PM | 12:10 PM |

# Indefinite articles (Les articles indéfinis)

**Class objective - To learn about indefinite articles.**

**Concept A -  What are indefinite articles ?**

- Un = a (masculine singular)

- Une = a (feminine singular)

- Des = some (masculine and feminine plural)

**Note**- Des is often translated to some in English.

All the nouns in French language have a masculine or feminine gender.

**Concept B - Examples of indefinite articles**

- Un is used with the nouns that are masculine

  Un stylo - a pen

  Un crayon - a pencil

- Une is used with the nouns that are feminine

  Une chaise - a chair

  Une table - a table

- Des is used with the nouns that are plural

Des stylos - pens

Des chaises - chairs

## Concept C - Fun table

| **French** | **English** |
| --- | --- |
| • Une chaise | a chair |
| • Un stylo | a pen |
| • Une table | a table |
| • Une règle | a ruler |
| • Une trousse | a pencil box |
| • Un livre | a book |
| • Un crayon | a pencil |
| • Un cartable | a school bag |
| • Un cahier | a notebook |
| • Une gomme | an eraser |
| • Une porte | a door |
| • Une fenêtre | a window |
| • Des livres | books |
| • Des crayons | pencils |
| • Des règles | rulers |
| • Des cartables | school bags |

- Des tables          tables

**Note**

1. **Qu'est-ce que C'est ? (What is this/ what are these)**

2. **C'est un/une (This is a)**

3. **Ce sont des (These are)**

**Practice A- use of un, une and des**

1. Ce sont ______ crayons

2. Ce sont ______ livres

3. C'est ______ règle

4. Ce sont ______ trousses

**Practice B- Write singular and plural form**

| **Singular** | | **Plural** |
|---|---|---|
| 1. Une chaise | - | _______ |
| 2. _________ | - | des cartables |
| 3. _________ | - | des règles |
| 4. Un cahier | - | _________ |
| 5. _________ | - | des stylos |

**PRACTICE C:**

1. _____ chaise

2. _____ trousse

3. _____livre

4. _____crayon

5. _____ cahier

6. _____ règles

7. _____ cartables

8. _____tables

## Answers to practice A

1. Des

2. Des

3. Une

4. Des

## Answers to practice B

1. Des chaises

2. Un cartable

3. Un règle

4. Des cahiers

5. Un stylo

## Answers to Practice C

1. Une chaise

2. Une trousse

3. Un livre

4. Un crayon

5. Un cahier

6. Des règles

7. Des cartables

8. Des tables

# Definite articles (Les articles définis)

**Class objective - To learn about definite articles.**

**CONCEPT A:**

The **definite articles**or "the" in English:

| Masculine | | Feminine | | Before vowels and silent 'h' | |
|---|---|---|---|---|---|
| Singular | Plural | Singular | Plural | Singular | Plural |
| Le | Les | La | Les | L' | Les |
| le copain | les copains | la copine | les copines | l'homme (m) | les hommes |
| le garçon | les garçons | la fille | les filles | l'oiseau (m) | les oiseaux |
| le sport | les sports | la piscine | les piscines | l'école (f) | lés écoles |
| le chocolat | les chocolats | la glace | les glaces | l'horloge (f) | les horloges |

**PRACTICE A: Change indefinite articles into definite articles. (Few have been done for you)**

1.  un homme - l'homme

2.  des garçons - les garçons

3.  des élèves

4.  des livres

5.  un oiseau

6.  des chaises

7.  un banc

8.  une élève

9.  une corbeille

10. des professeurs

11. une copine

12. des vélos

13. une chaise

14. une image

15. un tableau

16. des cahiers

17. des oiseaux

18. une chaise

19. des stylos

20. un pupitre

21. une horloge

22. des copains

23. un avion

24. une voiture

**Practice B: Mettez les articles définis.**

1. _______ maison

2. _______ stylos

3. _______ étudiante

4. _______ sac

5. _______ filles

6. _______ classes

7. _______ ville

8. _______ lettre

9. _______ cahier

10. _____ étudiant

11. _____ horloge

12. _____ oiseau

13. _____ homme un

14. _____ professeur

15. _____ film

16. _____ école

17. ____ auto

18. _____ chaises

19. _____ film

20. _____ ordinateurs

21. _____fromage

22. _____ batiment

23. _____ bateau

24. _____ société

25. ______ conversation

## PRACTICE C:

1. J'aime ____ chat de mon ami

2. _____ porte est rouge

3. Ce sont ______ enfants de ma classe

4. ______ Grecs aiment la moussaka

5. ______ pomme est verte

6. C'est ____ ami de Marie

7. ____ livre est sur la table

8. _____ garçons aiment jouer au football

9. _____ sac est jaune

10. ______ oiseau chante

**Answers to Practice A:**

1.  l'homme

2.  les garçons

3.  les élèves

4.  les livres

5.  l'oiseau

6.  les chaises

7.  le banc

8.  les élèves

9.  la corbeille

10. les professeurs

11. la copine

12. les vélos

13. la chaise

14. l'image

15. le tableau

16. les cahiers

17. les oiseaux

18. la chaise

19. les stylos

20. le pupitre

21. l'horloge

22. les copains

23. l'avion

24. la voiture

**Answers to Practice B:**

1. La maison

2. Les stylos

3. L'étudiante

4. Le sac

5. Les filles

6. Les classes

7. La ville

8. La lettre

9. Le cahier

10. L'étudiant

11. L'horloge

12. L'oiseau

13. L'homme

14. Le professeur

15. Le film

16. L'école

17. L'auto

18. Les chaises

19. Le film

20. Les ordinateurs

21. Le fromage

22. Le bâtiment

23. Le bateau

24. La société

25. La conversation

## Answers to Practice C

1. J'aime le chat de mon ami

2. La porte est rouge

3. Ce sont les enfants de ma classe

4. Les Grecs aiment la moussaka

5. La pomme est verte

6. C'est l'ami de Marie

7. Le livre est sur la table

8. Les garçons aiment jouer au football

9. Le sac est jaune

10. L'oiseau chante

## Lesson Summary:

Scan QR code to play pronunciation audios

| Concept in French | Concept in English |
| --- | --- |
| Les articles definis | Definite articles |
| le | Masculine (Singular) |
| les | Masculine (Plural) |
| la | Feminine(Singular) |
| l` | Before vowels and silent h(Singular) |
| le copain | Masculine (Singular) |
| le garcon | Masculine (Singular) |
| le sport | Masculine (Singular) |

| | |
|---|---|
| le chocolat | Masculine (Singular) |
| les copains | Masculine (Plural) |
| les garcons | Masculine (Plural) |
| les sports | Masculine (Plural) |
| les chocolats | Masculine (Plural) |
| la copine | Feminine(Singular) |
| la fille | Feminine(Singular) |
| la piscine | Feminine(Singular) |
| la glace | Feminine(Singular) |
| les copines | Feminine(Plural) |
| les filles | Feminine(Plural) |
| les piscines | Feminine(Plural) |
| les glaces | Feminine(Plural) |
| L'Après-midi | Afternoon |
| Le Matin | Morning |
| Le Soir | Evening |
| Il est trois heures d'après-midi. | It is three o'clock in the afternoon. |
| Il est huit heures du matin. | It is eight o'clock in the morning. |

| | |
|---|---|
| Il est six heures du soir. | It is six o'clock in the evening. |
| Quart | quarter |
| Demie | half |
| Et | and |
| Moins | less |
| Il est une heure et quart | 1:15 AM |
| Il est deux heures et quart. | 2:15 AM |
| Il est huit heures et quart | 8:15 AM |
| Il est une heure et demie | 1:30 AM |
| Il est deux heures et demie | 2:30 AM |
| Il est huit heures et demie | 8:30 AM |
| Il est deux heures moins le quart. | 1:45 AM |
| Il est trois heures moins le quart | 2:45 AM |
| Il est neuf heures et moins le quart | 8:45 AM |

# Basic conjugations and common verbs

**Class Objective:**To understand and learn basic verbs conjugations.

**Concept A**-verbs like être, avoir, aller, faire and venir

## 1. Être-to be

- Je         suis
- Tu         es
- Il/elle/on    est
- Nous        sommes
- Vous        êtes
- Ils/elles    sont

## 2. Avoir-to have

- Je         'ai
- Tu         as
- Il/elle/on    a
- Nous        avons
- Vous        avez

- Ils/elles     ont

## 3. **Aller-to go**

- je    vais
- tu    vas
- il, elle, on   va
- nous    allons
- vous    allez
- ils, elles   vont

## 4. **Faire-to do/to make**

- je    fais
- tu    fais
- il, elle, on   fait
- nous    faisons
- vous    faites
- ils, elles   font

## 5. **Venir-To come**

- je    viens
- tu    viens
- il, elle, on   vient
- nous    venons

- vous          venez

- ils, elles      viennent

## Concept B- Introduce ER verbs and their conjugation.

**Aimer**is one of the most common French verbs. It is a regular -er ending verb and can mean to like or to love

## -ER ending verb??

These verbs end with -er and are conjugated with the subject pronouns(je, tu, il, elle, nous, vous, ils, elles) in a unique manner.

i.e. we remove the -er ending from the verb and put:

- -e  (with je)

- -es (with tu)

- - e (with il/elle)

- -ons (with nous)

- -ez (with vous)

- -ent (with ils/elles)

## Aimer-to like

- J'aime

- Tu aimes

- Il/elle/on aime

- Nous aimons

- Vous aimez

- Ils/elles aiment

## Parler-to speak

- Je parle

- Tu parles

- Il/elle/on parle

- Nous parlons

- Vous parlez

- Ils/elles parlent

## Here are a few more -er ending verbs-

- Détester-to hate

- Adorer-to adore

- Écouter-to listen

- Regarder- to watch

## Practice A- Conjugate the verbs given below

1. Je _______ gros.(être)

2. Nous _____ des bonbons.(avoir)

3. Tu _______ français ?(être)

4. Nous ______ au cinéma.(aller)

5. Vous _______ avec moi(venir)

6. Ils _________ de la natation.(faire)

## Practice B- Conjugate the er verbs

1. Je _______ les chiens.(aimer)

2. Il _________ le lait (détester)

3. Ils _________ la télévision(regarder)

4. Nous ________ la musique classique (écouter)

5. Tu _______ français (parler)

## Answers to practice A

1. Suis

2. Avons

3. es

4. allons

5. Venez

6. font

## Answers to practice B

1. J'aime

2. Déteste

3. regardent

4. Écoutons

5. parles

## Lesson Summary:

Scan QR code to play pronunciation audios

| Concept in French | Concept in English |
|---|---|
| Être | to be |
| Je suis | I am |
| Tu es | You are |
| on est | we are |
| Nous sommes | We are |
| Vous êtes | You are |
| elles sont | They are |
| Avoir | to have |

| | |
|---|---|
| J 'ai | I have |
| Tu as | You have |
| on a | We have |
| Nous avons | We have |
| Vous avez | You have |
| elles ont | They Have |
| Aller | to go |
| Je vais | I go |
| tu vas | You go |
| on va | We go |
| nous allons | we are going |
| vous allez | you go |
| elles vont | They go |
| Faire | to do/to make |
| je fais | I do |
| tu fais | You do |
| on fait | we do |
| nous faisons | we do |
| vous faites | you do |
| elles font | They do |

| | |
|---|---|
| Venir | To come |
| je viens | I come |
| tu viens | You come |
| on vient | We come |
| nous venons | We come |
| vous venez | You come |
| elles viennent | They come |
| Aimer | to like |
| J'aime | I like |
| Tu aimes | You like |
| on aime | We like |
| Nous aimons | We like |
| Vous aimez | You like |
| elles aiment | They like |
| Parler | to speak |
| Détester | to hate |
| Adorer | to adore |
| Écouter | to listen |
| Regarder | to watch |

# Masculine, Feminine & Plural in French

**Class Objective: To learn Masculine/Feminine/Plural in French**

**Concept A: Basic masculine and Feminine Nouns**

| Obvious Masculine Nouns | Obvious Feminine Nouns |
| --- | --- |
| fils (son) | fille (daughter) |
| garçon (boy) | fille (girl) |
| grand-père (grandfather) | grand-mère (grandmother) |
| homme (man) | femme (woman) |
| neveu (nephew) | nièce (niece) |
| oncle (uncle) | tante (aunt) |
| père (father) | mère (mother) |
| prince (prince) | princesse (princess) |
| ro (king) | reine (queen) |

## Concept B: Endings that determine gender

| Masculine Ending | Example | Feminine Ending | Example |
|---|---|---|---|
| - acle | spectacle (spectacle) -ade | orangeade | (orangeade) |
| - age | village (Village) | - ale | capitale (capital) |
| - al | journal (newspaper) | - ance | chance (chance, luck) |
| -eau | bureau (office) | - ence | agence agency) |
| - et | cabinet (office) | ette | raquette (racket) |
| - ler | papier (paper) | - le | magie (magic) |
| - isme | cyclisme (cycling) | - ique | musique (music) |
| - ment | changement (change) | - Oire | victoire (victory) |
|  |  | - Sion | version (version) |
|  |  | - tion | nation (nation) |
|  |  | - ure | coiffure (hair style) |

## Concept C: How to change genders by adding E

| Masculine Ending | Feminine Ending | English Translation |
| --- | --- | --- |
| ami | amie | friend |
| avocat | avocate | lawyer |
| client | cliente | client |
| cousin | cousine | cousin |
| employé | employée | employee |
| étudiant | étudiante | student |
| Français | Française | French person |
| voisin | voisine | neighbor |

## CONCEPT D: Specific endings that determine masculine and feminine

| Masculine Ending | Feminine Ending | Example | English Translation |
| --- | --- | --- | --- |
| - an | - anne | paysan(ne) | peasant |
| -el | - elle | contractuel(le) | meter reader |
| - er | - ère | boucher (bouchère) | butcher |
| - eur | euse | vendeur (vendeuse) | sales clerk |

| - ien | jenne | musicien(ne) | musician |
|---|---|---|---|
| - on | onne | patron(ne) | boss |
| - teur | - trice | acteur (actrice) | actor |

## CONCEPT E: Rules for Plural

Some singular nouns end in –s, in –x or –z, in this case there is no additional –s.

1. La  souris - les souris (mice)

2. Le moi - les mois (months)

3. La voix -  les voix (voices)

4. Le nez - les nez (noses)

5. Le gaz - les gaz (gases)

There are also irregular nouns that don't follow any rule:

Examples:

1. Le ciel – les cieux (skies)

2. Un œil – des yeux (eyes)

Nouns and adjectives ending eau – eu – ou – au - oeu have their plural ending in –x.

**Nouns ending in eau – eu – ou – au - oeu in their plural forms:**

**1. Nouns ending in –eau**

- bateau>bateaux 'boats'

- marteau>marteaux 'hammers'

- eau>eaux 'waters'

## 2. Nous ending in  -jeu

- jeu>jeux 'games'

- neveu>neveux 'nephews'

## 3. A few nouns ending in –ou

- bijoux>bijoux 'jewels'

- caillou>cailloux 'pebbles'

- chou>choux 'cabbages'

- pou>poux 'lice'

- genou>genoux 'knee'

- hibou>hiboux 'howl'

- joujou>joujoux 'toy'

## 4. Nouns ending in –au

- noyau>noyaux 'stone (of fruit)/ (core of)

- tuyau>tuyaux 'hoses or pipes'

## 5. Nouns ending in –voeu

- vœu>vœux 'wishes'

## 6. Nouns ending in ail- al in their plural form -aux

- travail - travaux (works)

- corail - coraux (corals)

## 7. Nouns ending in –al

- cheval - chevaux (horses)

- journal - Journaux (newspapers)

- animal - animaux (animals)

**PRACTICE A: Complete the gaps with the plural form of the nouns.**

1. L'œuf →

2. le gâteau →

3. le vélo →

4. la voiture →

5. le travail →

6. le journal →

7. le bijou →

8. la maison →

9. le feu →

10. l'heure →

**PRACTICE B- Make the following words feminine.**

1. Un chien

2. un étudiant

3. un avocat

    4.   un musicien

    5.   un cousin

    6.   un ami

    7.   un voisin

    8.   un acteur

    9.   un vendeur

## Answers

## Practice A

    1.   l'œuf → les œufs

    2.   le gâteau → les gâteaux

    3.   le vélo → les vélos

    4.   la voiture → les voitures

    5.   le travail → les travaux

    6.   le journal → les journaux

    7.   le bijou → le bijoux

    8.   la maison → les maisons

    9.   le feu → les feux

    10. l'heure → les heures

## Practice B

    1.   Un chien- une chienne

    2.   un étudiant- une étudiante

3. un avocat- une avocate

4. un musicien- une musicienne

5. un cousin- une cousine

6. un ami - un ami

7. un voisin- une voisine

8. un acteur - une actrice

9. un vendeur- une vendeuse

## Lesson Summary:

Scan QR code to play pronunciation audios

| Concept in French | Concept in English |
|---|---|
| eau | water |

# Review 2

**Class objective -**Revision of everything covered so far.

**CONCEPT A -**Telling time

- Hier- yesterday

- Aujourd'hui- today

- Demain - tomorrow

- L'Après-midi- afternoon

- Le Matin- morning

- Le soir- Evening

- Quart - quarter

- Demie- half

- Et-and

- Moins-less

**Concept B**- Definite articles and Indefinite Articles

**Definite articles or the in English**

- Masculine singular- le

- Feminine singular- la

- Before vowels and silent h(singular)- l'

- Plural - les

**Indefinite Articles**

- Masculine singular - un

- Feminine singular - une

- Masculine and feminine plural - des

**Note**- All the nouns in French language have a masculine or feminine gender.

**Concept C**- Basic conjugations and common verbs (ER)

**ÊTRE- to be**

- Je suis

- Tu es

- Il/elle/on est

- Nous sommes

- Vous êtes

- Ils/elles sont

**Avoir- to have**

- J'ai

- Tu as

- Il/elle/on a

- Nous avons

- Vous avez

- Ils/elles ont

Other verbs- faire(to do/to make), aller(to go), venir(to come)

**ER ending verbs**- aimer(to like), parler(to speak), détester(to hate), adorer(to adore), écouter(to listen), regarder(to watch)

**Endings of er verb-**

- Je - e

- Tu-es

- Il/elle/on - e

- Nous- ons

- Vous-ez

- Ils/elles- ent

**Practice A** -expression of time

Match the following

|        | A         | B           |
| ------ | --------- | ----------- |
| 1.     | Mensuel   | daily       |
| 2.     | Quotidien | maintenant  |

3. The next week      day

4. Now              monthly

5. Un jour         la semaine prochaine

**Practice B -**Telling time

As per 24-hour clock-

1. 3pm

2. 12am

3. 6:30 am

As per 12-hour clock-

1. 1pm

2. 9:15am

3. 10:45 pm

**Practice C**- definite articles

1. _________ stylos

2. _________ étudiant

3. _________ Maison

4. _________ copine

5. _________ voiture

**Practice D**- Indefinite Articles

1. _________ cahier

2. _________ trousses

3. ________ règle

4. ________ cartable

5. ________ chaises

**Practice E**-basic conjugation and common verbs

1. He has -________

2. They are -________

3. I go/ I am going-________

4. She does /she makes-________

5. I am -________

6. You are watching -________ (formal)

7. You like-________ (informal)

**Practice F**- Masculine, feminine and plural

Complete the gaps with the plural form of the nouns

1. La Maison

2. La voiture

3. Le bijou

Make the following words feminine

1. Un étudiant

2. Un voisin

3. Un ami

## Answers to practice A

1. Mensuel - monthly

2. Quotidien - daily

3. The next week - la semaine prochaine

4. Now- maintenant

5. Un jour - day

## Answers to practice B

As per 24-hour clock

1. Il est quinze heures

2. Il est Minuit

3. Il est six heures et demie

As per 12-hour clock

1. Il est une heure

2. Il est neuf heures et quart

3. Il est onze heures moins le quart

## Answers to practice C

1. Les

2. L'

3. La

4. La

5. La

## Answers to practice D

1.  Un

2.  Des

3.  Une

4.  Un

5.  Des

## Answers to Practice E

1.  Il a

2.  Ils/elles sont

3.  Je vais

4.  Elle fait

5.  Je suis

6.  Vous regardez

7.  Tu aimes

## Answers to practice F

1.  Les Maisons

2.  Les voitures

3.  Les bijoux

1.  Une étudiante

2.  Une voisine

3.  Une amie

# Practice Test 1

**Class Objective:**I'm able to recall all the concepts and answer all the questions based on it.

## Practice A: Answer the following

1. Say the 3 prominent colors in the flag of France in French.

2. How is Mona Lisa known in French?

3. What is cheese called in French?

4. How is French bread called as?

## Practice B: Match the following

1. une fois      (every other day)

2. une fois par semaine      (once a week)

3. Deux fois par semaine      (yearly)

4. quotidien      (once)

5. tous les jours      (monthly)

6. tous les deux jours      (every week)

7. hebdomadaire      (weekly)

8. toutes les semaines      (every day)

9. mensuel      (daily)

10. annuel                                                (twice a week)

## Practice C: Complete the grid

| Singular | English | French |
|---|---|---|
| 1st person | I | |
| 2nd person | You | |
| 3rd person | He, It | |
| 3rd person | She, It | |
| **Plural** | | |
| 1st person | We | |
| 2nd person | You(Plural) | |
| 3rd person | They | |
| 3rd person | They | |

**Practice D**: Identify the following in English

1. Mercredi

2. Lundi

3. Samedi

4. Jeudi

5. Dimanche

**Practice E**: Arrange the given numbers in the ascending order (small to big)

1. Trois

2. Cinq

3. Neuf

4. Sept

5. Dix-huit

6. Dix

**Practice F**: Mettez les articles définis

1. _____ film

2. _____ ordinateurs

3. _____ fromage

4. _____ batiment

5. _____ bateau

6. _____ société

7. _____ conversation

**Practice G:**Write the following in English

1. Je suis

2. Tu es

3. Elle est

4. Il est

5. Nous sommes

6. Vous êtes

7. Ils sont

8. Elles sont

**Practice H**: Introduce yourself in French

**Practice I**: Do a short role-play using any of the greetings that we have learnt

## Answers to Practice A:

1. The 3 colors are- bleu, blanc, rouge

2. La Joconde

3. Le fromage

4. La baguette

## Answers to Practice B:

1. une fois                        (once)

2. une fois par semaine            (once a week)

3. Deux fois par semaine           (twice a week)

4. quotidien                       (daily)

5. tous les jours                  (every day)

6. tous les deux jours             (every other day)

7. hebdomadaire                    (weekly)

8. toutes les semaines             (every week)

9. mensuel                         (monthly)

10. annuel                         (yearly)

## Answers to Practice C:

| Singular | English | French |
|---|---|---|
| 1st person | I | Je |
| 2nd person | You | Tu |
| 3rd person | He, It | Il |
| 3rd person | She, It | Elle |
| **Plural** | | |
| 1st person | We | Nous |
| 2nd person | You(Plural) | Vous |
| 3rd person | They | Ils |
| 3rd person | They | Elles |

## Answers to Practice D:

1. Wednesday

2. Monday

3. Saturday

4. Thursday

5. Sunday

**Answers to Practice E:**

1. Trois

2. Cinq

3. Sept

4. Neuf

5. Dix

6. Dix-huit

**Answers to Practice F:**

1. Le film

2. Les ordinateurs

3. Le fromage

4. Le bâtiment

5. Le bateau

6. La société

7. La conversation

**Answers to Practice G:**

1. Je suis I am

2. Tu es You are (sing. Informal)

3. Elle est she is

4. Il est he is

5. Nous sommes we are

6.  Vous êtes you are (plur. Formal)

7.  Ils sont they are (sing and fem.Plur:)

8.  Elles sont they are (fem./Plur.)

# Adjectives (Les adjectifs)

**Class Objective** :To learn about adjectives and their usage in French.

**Concept A**: Table of French adjectives and their forms.

- **The general rule:  to form the ferminine, we add  –e to the masculine form**

| Masculin | Féminin | Meaning |
|---|---|---|
| Grand | Grande | Big |
| Petit | Petite | Small |
| Blond | Blonde | blonde |
| Brun | Brune | Brown |
| Vert | Verte | green |
| Intelligent | Intelligente | intelligente |
| Americain | Americaine | American |

- **The adjectives ending in -e in the masculine remain unchanged**

| Masculin | Féminin | Meaning |
|---|---|---|
| Jeune | Jeune | Young |
| Rouge | Rouge | Red |
| sympathique | Sympathique | nice |
| Célibataire | Célibataire | single |

- **Adjectives that end with -en in the masculine, add -ne in the feminine**

| Masculin | Feminin | Meaning |
|---|---|---|
| Italien | Italienne | Italian |
| Indien | Indienne | Indian |
| Ancien | Ancienne | Ancient |
| Européen | Européenne | European |

- **Adjectives that end in -el in the masculine add –le to the feminine**

| Masculin | Féminin | Meaning |
|---|---|---|
| Traditionnel | Traditionnelle | Traditional |

| Exceptionn**el** | Exceptionn**elle** | Exceptional |
|---|---|---|

- **Adjectives in - on also add – ne also**

| Masculin | Féminin | Meaning |
|---|---|---|
| B**on** | Bo**nne** | good |
| Patr**on** | Patro**nne** | Boss |
| Mign**on** | Mignon**ne** | Pretty |

- **Adjectives ending in –er in masculine turn into –ère in feminine**

| Masculin | Feminin | Meaning |
|---|---|---|
| Fi**er** | Fi**ère** | Proud |
| Etrang**er** | Etrang**ère** | Stranger |
| Ch**er** | Ch**ère** | Dear / expensive |
| Am**er** | Am**ère** | bitter |
| Premi**er** | Premi**ère** | first |

- **Adjectives in -eux / -eur (masculine) change to – euse (féminine)**

| Masculin | Féminin | meaning |
|---|---|---|
| Heur**eux** | Heur**euse** | Happy |
| Rêv**eur** | Rêv**euse** | Dreamer |
| Séri**eux** | Séri**euse** | Serious |
| Nerv**eux** | Nerv**euse** | Nervous |
| Travaill**eur** | travaill**euse** | Worker |

- **Adjectives in –teur (masculine) change into - trice / - teuse (feminine)**

| Masculin | Féminin | Meaning |
|---|---|---|
| Conserva**teur** | Conserva**trice** | Conservator |
| Observa**teur** | Observa**trice** | Observator |
| Men**teur** | Men**teuse** | Liar |

- **Adjectives in –f (masculine) change to –ve (feminine)**

| Masculin | Féminin | Meaning |
|---|---|---|
| Sporti**f** | Sporti**ve** | sportive |
| Acti**f** | Acti**ve** | Active |

| Neuf | Neuve | New |
|------|-------|-----|

- **Adjectives in –c (masculine) change to –que (feminine)**

| Masculin | Féminin | Meaning |
|----------|---------|---------|
| Public | Public**que** | Public |
| Tur**c** | Tur**que** | Turkish |
| Gre**c** | Grec**que** | Greek |

## Concept B: The plural form

- **We add –s to the singular form**

| Singulier | Pluriel | Meaning |
|-----------|---------|---------|
| Grand | Grands | Big |
| Petit | Petits | Small |
| Blonde | Blondes | Blonde |
| Brune | Brunes | Brown |

- **Adjectives that end in -s, or -x in the singular remain unchanged**

| Singulier | Pluriel | Meaning |
|---|---|---|
| Français | Français | French |
| Roux | Roux | Red |
| Bas | Bas | Low |
| Sérieux | Sérieux | Serious |

- **Singular adjectives ending in -eau take a -x in the plural**

| Singulier | Pluriel | Meaning |
|---|---|---|
| Nouveau | Nouveaux | New |
| Beau | Beaux | Handsome |

- **Singular adjectives ending in -al take a -ux in the plural**

| Singulier | Pluriel | Meaning |
|---|---|---|
| Original | Originaux | Original |
| Sentimental | Sentimentaux | Sentimental |
| Brutal | Brutaux | Brutal |

## IRREGULAR ADJECTIVES

| Masculin | Feminin | masc/pluriel | fem/pluriel | Meaning |
|---|---|---|---|---|
| beau(bel) | belle | beaux | belles | Beautiful |
| nouveau (nouvel) | nouvelle | nouveaux | nouvelles | New |
| Fou (fol) | folle | foux | folles | Crazy |
| Vieux (vieil) | vieille | vieux | vieilles | Old |
| doux | douce | doux | douces | Gentle |

### Concept C : Placement of French Adjectives

While English adjectives are always placed in front of the nouns they describe, most French adjectives follow nouns:

**Par exemple…**

- le stylo bleu (the blue pen)

- une histoire intéressante (an interesting story)

There are, however, a few dozen French adjectives that precede nouns. Most of these can be memorized with the simple acronym BAGS:

**Beauty**

- une belle fille (a beautiful girl)

- un joli appartement (a nice apartment)

## Age

- un jeune homme (a young man)

- une vieille dame (an old woman)

## Good/Bad

- une bonne idée (a good idea)

- un mauvais restaurant (a bad restaurant)

## Size

- un grand livre (a big book)

- une petite maison (a small house)

**Note**: In plural sentences, when the adjective is placed before the noun, des changes to de or d' in front of the vowels.

## Adjectives after the noun

## Color

- une robe rouge (a red dress)

- Une voiture bleue (A blue car)

## Shapes/forms

- une salle carrée (a square room)

- Une porte étroite (A narrow door)

## Nationality

- une femme anglaise (An english woman)

- Un garçon indien  (Indian boy)

**Practice A: put the adjective in convenient form**

1. Les filles sont ___________. (intelligent)

2. La maison est ___________. (grand)

3. Paul et pierre sont __________.(méchant)

4. Sophie est __________. (blond)

5. Voici une ___________ cravate.(joli)

6. La chambre est _________. (petit)

7. Les chats sont _________. (joli)

8. Les étudiantes sont ____________. (gentil)

**Practice B- Change the gender.**

1. Paul est timide.

Jeanne est _________.

2. Marc est amusant et jeune

Marie est _________ et ________.

3. Ce garçon est beau et gentil.

Cette fille est _________ et ____________.

4. Il est mécontent et triste.

Elle est _________ et ________.

5. Ses cheveux sont blonds et épais.

Ses cheveux sont ________ et ________.

6. Laurent est grand.

Laure est __________.

7. Il est gentil et heureux.

Elle est ________ et __________.

8. Ton fils est mignon et sympathique.

Ta fille est ____________ et ____________.

9. Cet enfant est gentil et intelligent.

Cette enfant est ________ et __________.

10. Il est jeune et petit.

Elle est ________ et ________.

**Practice C: Tick the correct option**

1. a) un intéressant roman

   b) un roman intéressant

2. a) un bel appartement

   b) un appartement beau

3. a) Un livre gros

   b) Un gros livre

4. a) Une vieille femme

   b) Une femme vieille

5.a) un nouvel étudiant

   b) un étudiant nouveau

## Answer to Practice A

1. Intelligentes

2. Grande

3. Méchants

4. Blonde

5. Jolie

6. Petite

7. Jolis

8. gentilles

## Answer to Practice B

1. Timide

2. Amusante, jeune

3. Belle, gentille

4. Mécontente, triste

5. Blonds, épais

6. Grande

7. Gentille, heureuse

8. Mignone, sympathique

9. Gentille, intelligente

10. Jeune, petite

## Answer to Practice C

1. b

2. a

3. b

4. a

5. b

# Placement of Adjective

**Objective**- To learn the placement of Adjectives

**Concept:**Adjectives following the BRAGS order are placed before.

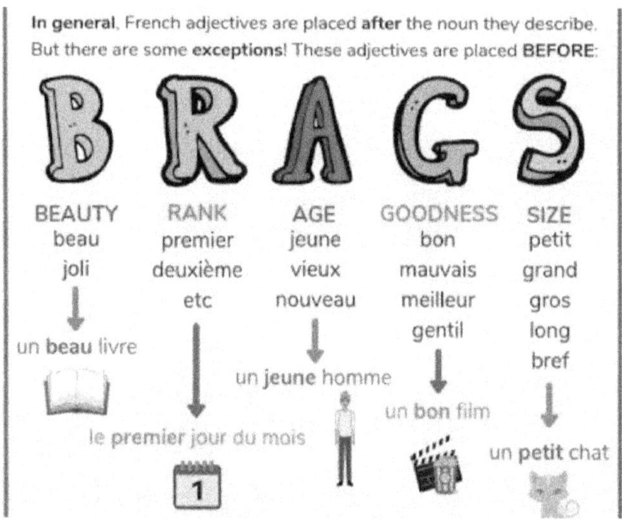


**Beauty**

- une belle fille (a beautiful girl)

- un joli appartement (a nice apartment)

## Age

- un jeune homme (a young man)

- une vieille dame (an old woman)

## Good and bad

- une bonne idée (a good idea)

- un mauvais restaurant (a bad restaurant)

## Size

- un grand livre (a big book)

- une petite maison (a small house)

## Concept B- How different adjectives changes according to the placement

|  | Placé AVANT le nom | Placé APRÈS le nom |
|---|---|---|
| Ancien | l'ancien président (the former president) | un vase ancien (an antique vase) |
| Cher | mon cher oncle (my dear uncle) | restaurant cher (an expensive restaurant) |
| Grand | un grand homme (a great man) | un homme grand (a tall man) |
| Même | le même jour (the same day) | le jour même (that very day) |

| Propre | mon propre T-shirt (my own T-shirt) | un T-shirt propre (a clean T-shirt) |
|---|---|---|
| Sale | un sale temps (a nasty weather) | une chemise sale (a dirty shirt) |

- Un ancien enseignant = a former teacher

- Un enseignant ancien  = An aged teacher

- Je préfère garder ma propre maison = I prefer to keep my own house

- Je préfère garder ma maison propre = I prefer keeping my house clean.

## PRACTICE A: Which of the following are correct ?

1. J'ai un sac noir.

2. Nous avons fait un beau voyage.

3. .Est-ce que tu as eu une note mauvaise ?

4. Mon ami répare la machine à laver cassée.

5. Où est-ce que je dois poser le vase petit ?

## PRACTICE B: Which translation is correct ? Pay attention to adjective placement.

**1. Grand**

Napoleon was a great man.

A. Napoléon était un homme grand.

B. Napoléon était un grand homme.

## 2. Ancien

Here is my former teacher.

A. Voici mon professeur ancien.

B. Voici mon ancien professeur.

## 3. Cher

We bought an expensive car.

A. Nous avons acheté une voiture chère.

B. Nous avons acheté une chère voiture.

## 4. Propre

I'd like to have my own room.

A. J'aimerais avoir ma chambre propre.

B. J'aimerais avoir ma propre chambre.

## 5. Drôle

He told an amusing story.

A.Il a raconté une histoire drôle.

B. Il a raconté une drôle d'histoire.

**Answers**

## PRACTICE A

1.  Right

2.  Right

3. Wrong

4. Right

5. Wrong

## PRACTICE B

1. B

2. B

3. A

4. B

5. A

## Lesson Summary:

Scan QR code to play pronunciation audios

| Concept in French | Concept in English |
|---|---|
| Un ancien enseignant | a former teacher |
| Un enseignant ancien | An aged teacher |
| Je préfère garder ma propre maison | I prefer to keep my own house |
| Je préfère garder ma maison propre | I prefer keeping my house clean. |
| Un grand homme | a great man |
| Un homme grand | a big man |
| beau | beauty |
| premier | rank |
| jeune | age |
| bon | goodness |
| petit | size |

# Listening practice 1

**Class objective-To understand the basic French conversations.**

**Concept A- Listening comprehension**

1. Meeting a stranger conversation.

Scan QR code to play audios

Answer the following questions after listening to the audio-[2 times]

1. Quelle est la nationalité de James Davis?

2. Est-ce que la femme parle l'anglais ?

3. How do you say 'Nice to meet you' in French ?

4. Qui habite à  Paris?

## Quick word review

- Comment allez-vous ?[formal]

- Bien

- Je m'appelle

- Enchanté

- L'anglais

- Le français

- Je suis

- Vous [formal]

- Parler

- Aimer

- bonne journée

## Concept B-Listening comprehension

2. Talking about family conversation

Scan QR code to play audios

Answer the following questions after listening to the audio[2 times]

1. Combien d'enfants a-t-elle ?(Marie)

2. How do you say 'I am sorry ' in French?

3. Vrai ou faux ? -le garçon a 2 ans et la fille a 4 ans

4. Est-Ce que John est célibataire ?

## Quick word review

- La soeur

- Le frère

- Une petite amie (girlfriend)

- Des enfants

- Un garçon

- Une fille

- Une femme

- Encore (still)

- La mère

**Answers to concept A -**

James D(J.D)- bonjour mademoiselle

Isabelle D(I.D)-Bonjour monsieur

J.D.- comment allez- vous ?

I.D- je vais bien.et vous ?

J.D.- Très bien, merci. Comment vous appelez-vous ?

I.D.-je m'appelle Isabelle du bois, et vous ?

J.D.-je m'appelle James Davis

I.D.-Enchantée, monsieur Davis.

J.D.- Enchanté, mademoiselle Dubois

I.D.- Davis, C'est anglais, n'est-ce pas ?(right)

J.D.- oui, C'est anglais

I.D.-Êtes - vous britannique ?(british)

J.D.- non, je suis américain.et vous ?

I.D.-Je suis française. J'habite à Paris.

J.D.- moi, j'habite à Chicago.

I.D.- ah, C'est bien. Vous parlez anglais alors….

J.D.- oui, bien sûr (of course).et vous ? Parlez-vous anglais ?

I.D.-Non, je parle seulement (only) français.

**Answers to concept B-**

John(J)- As-tu des frères et soeurs ?

Marie(M)-oui, j'ai un frère et deux soeurs.et toi ?

J- non, je suis fils unique (I am a an only child)

M- As-tu une petite amie ?(girlfriend)

J- oui, j'ai une femme.je suis marié.(I am married)

M- Ah ! C'est super ! (That's great) comment s'appelle-t-elle ?

J- elle s'appelle Charlotte.et toi ? Tu as quelqu'un ? (are you seeing anyone ?)

M- non, je suis divorcée(I am divorced), Maintenant célibataire.(now I am single)

J- je suis désolé, et As-tu des enfants ?

M- oui, j'ai un garçon et une fille.

J- et quel âge ont-ils ?

M- Mon garçon a 4 ans et ma fille a 2 ans.

J- ils sont encore (still) jeunes.

M- oui. Ils sont adorables.

# Le présent - Present tense

**Class Objective:**To be able to form and use sentences in present tense competently.

**Concept A:**What is Le présent tense?

As the name suggests, Le présent  tells us about the present. It is most widely used tense in French.

**Concept B: When is it used?**

It can be used to describe the following:

- Daily activity:

Je vais au marché à 16 heures- I go to market at 16:00.

- Situations in present:

Je mange de la glace - I eat an icecream

- Universal truths:

Le soleil se levé a l'Est - The sun rises in the East

- Actions that began in past but are still continuing:

Marie parle à son copine depuis 2 heures - Marie has been talking to her friend since last 2 hours

- A planned future action (with a time indicator)

mardi prochain, Le maire visite le musée - Next Tuesday, The mayor visits the museum.

**Note:** French has only one category of present tense unlike English where we have present-simple, continuous, perfect, perfect continuous.

**Concept C:**Conjugaison des verbes et la structure de la phrase au présent - conjugation of verbes and structure of sentence in present tense.

Le sujet + le verbe au présent + le complément

Subject+ verb + complement

**-er verbs**

To conjugate the verbs in present we remove the infinitive ending (-er), and add the suffixes in accordance with the subject of the verb.

Example: PARLER- To speak

1. Eliminating the infinitive ending - "PARL"

2. Adding the respective suffixes:

|  | Pronoun | Suffix | Conjugation |
| --- | --- | --- | --- |
| 1st per. sing. | Je | -e | parle |
| 2nd per. sing. | Tu | - es | parl**es** |
| 3rd per. sing. | Il/Elle/On | -e | parle |
| 1st per. plu. | Nous | -ons | parl**ons** |

| 2nd per. plu. | Vous | -ez | parl**ez** |
| 3rd per. plu. | Ils/Elles | -ent | parl**ent** |

**Similar verbs to practise:**

- Aimer-to love

- Jouer-to play

- Visiter- to visit

- Habiter- to live

**-ir verbs**

To conjugate the verbs in present we remove the infinitive ending (-ir), and add the suffixes in accordance with the subject of the verb.

Example: FINIR- to finish

1. Eliminate the infinitive ending - "FIN"

2. Add the respective suffixes:

|  | **Pronoun** | **Suffix** | **Conjugation** |
|---|---|---|---|
| 1st per. sing. | Je | -is | fin**is** |
| 2nd per. sing. | Tu | - is | fin**is** |
| 3rd per. sing. | Il/Elle/On | -it | fin**it** |

| 1st per. plu. | Nous | -issons | fin**issons** |
|---|---|---|---|
| 2nd per. plu. | Vous | -issez | fin**issez** |
| 3rd per. plu. | Ils/Elles | -issent | fin**issent** |

**Similar verbs to practise:**

- Choisir - to choose

- Réagir - to react

- Réussir - to succeed

- Réfléchir - to reflect (thoughts)

There are some -ir verbs that are conjugated differently. In these verbs,

1. Base is different for singular and plural forms

2. -i- isn't added to the singular form suffixes and -iss- isn't added to the plural form suffixes.

E.g: DORMIR- to sleep

1. Eliminate the infinitive ending- "DOR"(singular) "DORM" (plural)

2. Add the respective suffixes:

| | **Pronoun** | **Suffix** | **Conjugation** |
|---|---|---|---|
| 1st per. sing. | Je | -s | do**rs** |
| 2nd per. sing. | Tu | - s | do**rs** |

| | | | |
|---|---|---|---|
| 3rd per. sing. | Il/Elle/On | -t | dort |
| 1st per. plu. | Nous | -ons | dorm**ons** |
| 2nd per. plu. | Vous | -ez | dorm**ez** |
| 3rd per. plu. | Ils/Elles | -ent | dorm**ent** |

## Similar verbs to practise:

- Mentir- to lie (rest)

- Partir- to leave

- Sentir- to sense

## Irregular verbs:

These verbs have special conjugation for each of them.

Some frequently used irregular verbs are:

1. **Être - to be**

| | Pronoun | Conjugation |
|---|---|---|
| 1st per. sing. | Je | **suis** |
| 2nd per. sing. | Tu | **es** |
| 3rd per. sing. | Il/Elle/On | **est** |
| 1st per. plu. | Nous | **sommes** |
| 2nd per. plu. | Vous | **êtes** |
| 3rd per. plu. | Ils/Elles | **sont** |

## 2.   Avoir- to have

|  | Pronoun | Conjugation |
|---|---|---|
| 1st per. sing. | Je | **ai** |
| 2nd per. sing. | Tu | **as** |
| 3rd per. sing. | Il/Elle/On | **a** |
| 1st per. plu. | Nous | **avons** |
| 2nd per. plu. | Vous | **avez** |
| 3rd per. plu. | Ils/Elles | **ont** |

## 3.   Aller- to go

|  | Pronoun | Conjugation |
|---|---|---|
| 1st per. sing. | Je | **vais** |
| 2nd per. sing. | Tu | **vas** |
| 3rd per. sing. | Il/Elle/On | **va** |
| 1st per. plu. | Nous | **allons** |
| 2nd per. plu. | Vous | **allez** |
| 3rd per. plu. | Ils/Elles | **vont** |

## 4.  Faire- to do

|  | Pronoun | Conjugation |
|---|---|---|
| 1st per. sing. | Je | **fais** |
| 2nd per. sing. | Tu | **fais** |
| 3rd per. sing. | Il/Elle/On | **Fait** |
| 1st per. plu. | Nous | **faisons** |
| 2nd per. plu. | Vous | **faites** |
| 3rd per. plu. | Ils/Elles | **font** |

**Concept D:** How to express the présent continuous tense?

Usually, the simple présent tense works,

Eg:

Person A: Qu'est-ce que tu fais ?(What are you doing?/ What do you do?)

Person B: Je mange. (I eat/am eating)

However, in order to express the continuity of an action in présent we can use the following structure:

Le sujet + être (au présent) en train de + l'infinitif + le complément

Subject + to be in the process of + infinitive + complement

**E.g:**

1.  Je suis en train de manger. (I am eating)

2. Tu es en train d'aller au marche. (You are going to the market)

3. Il est en train de préparer le dîner. (He is preparing the dinner)

4. Elle est en train de travailler. (She is working)

5. Nous sommes en train de chanter une chanson. (We are singing a song)

6. Vous êtes en train de préparer la présentation. (You are preparing the presentation)

7. Ils sont en train de gagner le match. (They are winning the match)

**Practice Question:**

1. Je _____(aller) a l'hôpital.

2. Lucy ______ (partir) de l'Inde a lundi prochain.

3. Ils _____(jouer) au cricket.

4. Nous _______(faire) du shopping a Chandni chowk.

5. Tu _______(avoir) un stylo ?

6. Vous _______(sentir) quelque chose ?

**Answer to Practice Question:**

1. vais

2. part

3. jouent

4. faisons

5.  as

6.  sentez

## Lesson Summary:

Scan QR code to play pronunciation audios

| Concept in French | Concept in English |
|---|---|
| Le présent | Present tense |
| Je vais au marché à 16 heures | I go to market at 16:00. |
| Je mange de la glace | I eat an icecream |
| Le soleil se leve a l'Est | The sun rises in the East |
| Marie parle à son copine | Marie has been talking to her |

| | |
|---|---|
| depuis 2 heures | friend since last 2 hours |
| Mardi prochain, Le maire visite le musée | Next Tuesday, The mayor visits the museum. |
| Conjugaison des verbes et la structure de la phrase au présent | conjugation of verbs and structure of sentence in present tense. |
| Aimer | to love |
| Jouer | to play |
| Visiter | to visit |
| Habiter | to live |
| PARLER | To speak |
| FINIR | to finish |
| Choisir | to choose |
| Réagir | to react |
| Réussir | to succeed |
| Réfléchir | to reflect (thoughts) |
| DORMIR | to sleep |
| Mentir | to lie (rest) |
| Partir | to leave |
| Sentir | to sense |
| Être | to be |

| | |
|---|---|
| Avoir | to have |
| Aller | to go |
| Faire | to do |
| Qu'est-ce que tu fais ? | What are you doing?/ What do you do? |
| Je mange. | I eat. |
| Je suis en train de manger. | I am eating |
| Tu es en train d'aller au marche. | You are going to the market |
| Il est en train de préparer le dîner. | He is preparing the dinner |
| Elle est en train de travailler. | She is working |
| Nous sommes en train de chanter une chanson. | We are singing a song |
| Vous êtes en train de préparer la présentation. | You are preparing the presentation |
| Ils sont en train de gagner le match. | They are winning the match |

# Verb Faire and Articles

**CLASS OBJECTIVE:**To learn Verb Faire (To do/to make) and Articles contractés.

**Concept A:**Conjugation of faire(to do/to make)

**Présent Simple**

- je fais          I do

- tu fais          You do

- il/elle/on fait    He does/She does

- nous faisons   We do

- vous faites      You do (Plural or formal)

- ils/elles font    They do

**Concept B:**Article défini contracté (to)

**préposition + article**

À          LE →  AU

          LA →  À LA

          L'→ À L'

          LES →  AUX

Exemples:

1. Je vais au cinéma.

2. Je vais à la poste.

3. Je vais à l'hôtel.

4. Je vais aux États-Unis.

## Practice A: Reading and Pronunciation

Ma ville

J'habite dans une belle ville dans le nord de la France. Il y a un quartier très agréable. Il fait beau tous les jours. Les enfants font du vélo dans un parc autour d'un bâtiment.

Dans le centre de la ville, il y a un très joli quartier, beaucoup de magasins et de bons restaurants. Pour se déplacer, il y a des bus, des vélos et un métro. Il est agréable de marcher dans les petites rues pour admirer l'architecture des maisons anciennes.

## Practice B:

1. Tu _______ les courses.

2. Je _________ la cuisine

3. Elle _________ la vaisselle

4. Nous ___________ du ski dans les Alpes.

5. Vous ___________ des progrès en français.

6. Qu'est-ce qu'il __________ ?

7. Une hirondelle ne __________ pas le printemps.

8. Vous __________ du sport ?

9. Oui, nous ___________ du vélo.

10. Ils ___________ le tour du monde en bateau.

**Practice C: Complétez avec les articles contractés au, à l', à la, aux, à.**

1. On a rendez-vous _______ aéroport.

2. Oh, il faut que j'écrive _________ professeur, je ne peux pas aller en classe demain.

3. Il ne travaille pas, il est toujours _________ café.

4. Ça ne va pas, je dois parler _________ docteur.

5. Elle est partie _______ Portugal avec son mari.

6. Vous habitez _________ Paris ?

7. Il a parlé _______ étudiants pendant une heure

8. Il a offert des fleurs _________ jeune fille qui travaille avec lui.

9. Non, mais j'ai parlé _______ secrétaire.

10. Tu as téléphoné _________ directeur ?

**Practice D: Choisissez : à la, au, à l', aux.**

1. Les enfants aiment aller _______ jardin public.

2. Je visite une ville. Je vais _______ hôtel.

3. Nous aimons visiter les monuments. Nous allons _______ cathédrale.

4. Tu vas _________ cinéma ce soir ?

5. J'ai besoin d'aspirine. Je vais _______ pharmacie.

6. Nous habitons ______ États-Unis.

7. Ton oncle a besoin de cigarettes ? Il va ______ bureau de tabac.

**Answer to Practice B**

1-fais

2-fais

3-fait

4-faisons

5-faites

6-fait

7-fait

8-faites

9-faisons

10-font

**Answer to Practice C**

1-à l'

2-au

3-au

4-au

5-à

6-à

7-aux

8-à la

9-à la

10-au

**Answer to Practice D**

1-au

2-à I'

3-à la

4-au

5-à la

6-aux

7-au

**Lesson Summary:**

Scan QR code to play pronunciation audios

| Concept in French | Concept in English |
|---|---|
| je fais | I do |
| tu fais | You do |
| on fait | We do |
| nous faisons | We do |
| vous faites | You do (Plural or formal) |
| ils font | They do |
| Je vais au cinéma. | I got to the cinema |
| Je vais à la poste. | I am going to the post office. |
| Je vais à l'hôtel. | I am going to the hotel. |
| Je vais aux États-Unis. | I am going to the U.S |

# Reading practice

**OBJECTIVE:**To read the given passages in French.

**CONCEPT A:**Read the following passages

C'est ma vie

Je m'appelle Angélica Summer, j'ai 12 ans et je suis canadienne. Il y a 5 ans, ma famille et moi avons déménagé dans le sud de la France. Mon père, Frank Summer, est mécanicien ; il adore les voitures anciennes et collectionne les voitures miniatures.

Ma mère s'appelle Emilie Summer ; elle est infirmière dans un hôpital non loin de notre maison. Nous avons déménagé en France, parce qu'elle a toujours aimé la culture de ce pays.

La vie en France est très différente de celle au Canada. Ici, il fait toujours chaud. Chaque dimanche, nous allons à la magnifique plage de Biarritz et nous achetons des glaces après avoir nagé dans la mer.

Les Français sont très sympathiques et accueillants. Nous parlons français lorsque nous sommes dehors, à l'école ou au marché. Cependant, nous continuons de parler anglais à la maison, car mes parents ne veulent pas que je perde ma langue natale.

**CONCEPT B**

Lettre de Londres

Ma chère Sonia,

Je suis bien arrivée à Londres pour ma dernière année d'études de marketing à l'université. Là-bas tout le monde parle anglais ! Londres est différent de Paris. Par exemple, les bus sont rouges et certaines stations de métro semblent très anciennes.

Je partage un appartement avec deux autres étudiantes. L'une s'appelle Jennifer et elle a 21 ans et l'autre s'appelle Ashley et elle a 22 ans. Elles sont sympathiques. Elles m'ont promis de me faire découvrir tout Londres : nous visiterons les musées, les monuments et les parcs. Nous irons aussi nous amuser à Camden Town et voir des concerts. Et bien sûr, nous irons faire du shopping à Oxford Street et dans le quartier de Covent Garden.

J'ai hâte que tu viennes me rendre visite le mois prochain, pour te montrer mes endroits préférés !

À très bientôt, bisous Emilie

## CONCEPT C

Ma ville

J'habite une belle ville dans le nord de la France. Il y a un quartier très agréable pour aller se balader, lorsqu'il fait beau. Il est possible de faire du vélo dans un parc autour d'une citadelle fortifiée.

Dans le centre de la ville, il y a un très joli quartier, plein de magasins chics et de bons restaurants. Pour se déplacer, il y a des bus, des vélos et un métro. C'est pratique pour aller d'un centre commercial à un autre, pour aller à l'école, à la piscine, au stade ou encore au théâtre, parce que la ville est très grande.

Il est agréable de marcher dans les petites rues pour admirer l'architecture des maisons anciennes.

## CONCEPT D

Une journée de vacances

Je suis en vacances ! J'en profite pour faire une grasse-matinée et je sors de mon lit à dix heures. Je prends mon petit-déjeuner dans la cuisine. Je mange deux tartines de pain, un grand bol de café et un yaourt aux fruits rouges.

Je vais ensuite prendre ma douche dans ma salle-de-bain. J'enfile une jolie robe et je pars rejoindre mes amis au centre commercial.

J'achète un livre, un pantalon et une nouvelle lampe pour ma chambre.

Il est l'heure de déjeuner ! Nous allons au restaurant. Je commande du poisson avec de la purée. Cet après-midi, mes amis et moi allons au cinéma. Après avoir bu une tasse de thé dans un café, je rentre chez moi en bus.

J'ai passé une très bonne journée de vacances. Vivement demain !

# Review 3

**Class objective-**To revise everything covered last week.

**Concept A**-Adjectives in French

## IRREGULAR ADJECTIVES

| Beautiful | beau(bel) | belle | beaux | belles |
|---|---|---|---|---|
| New | nouveaux(nouvel) | nouvelle | nouveaux | nouvelles |
| Crazy | Fou (fol) | folle | foux | folles |
| Old | vieux(vieil) | vieille | vieux | vieilles |
| Gentle | doux | douce | doux | douces |
| False | faux | fausse | faux | fausses |

## Concept B- Placement of adjectives

## Concept C- Present tense

**Note**: French has only one category of present tense unlike English where we have present-simple, continuous, perfect, perfect continuous.

## ER ending verbs

Example: PARLER- To speak

1. Eliminating the infinitive ending - "PARL"

2. Adding the respective suffixes:

|  | Pronoun | Suffix | Conjugation |
|---|---|---|---|
| 1st per. sing. | Je | -e | parl**e** |
| 2nd per. sing. | Tu | -es | parl**es** |
| 3rd per. sing. | Il/Elle/On | -e | parl**e** |
| 1st per. plu. | Nous | -ons | parl**ons** |
| 2nd per. plu. | Vous | -ez | parl**ez** |
| 3rd per. plu. | Ils/Elles | -ent | parl**ent** |

## IR ending verbs

Example: FINIR- to finish

1.  Eliminate the infinitive ending - "FIN"

2.  Add the respective suffixes:

|  | Pronoun | Suffix | Conjugation |
|---|---|---|---|
| 1st per. sing. | Je | -is | fin**is** |
| 2nd per. sing. | Tu | -is | fin**is** |
| 3rd per. sing. | Il/Elle/On | -it | fin**it** |
| 1st per. plu. | Nous | -issons | fin**issons** |
| 2nd per. plu. | Vous | -issez | fin**issez** |
| 3rd per. plu. | Ils/Elles | -issent | fin**issent** |

**Note-**

There are some -ir verbs that are conjugated differently. In these verbs,

1.  Base is different for singular and plural forms

2.  -i- isn't added to the singular form suffixes and -iss- isn't added to the plural form suffixes.

E.g: DORMIR- to sleep

1.  Eliminate the infinitive ending- "DOR"(singular) "DORM" (plural)

2.  Add the respective suffixes:

|  | Pronoun | Suffix | Conjugation |
|---|---|---|---|
| 1st per. sing. | Je | -s | dor**s** |
| 2nd per. sing. | Tu | -s | dor**s** |
| 3rd per. sing. | Il/Elle/On | -t | dor**t** |
| 1st per. plu. | Nous | -ons | dorm**ons** |
| 2nd per. plu. | Vous | -ez | dorm**ez** |
| 3rd per. plu. | Ils/Elles | -ent | dorm**ent** |

**Concept D- Contracted articles**

Rule :    Préposition + article = Contracted Article

À    +    LE          →  AU

         LA           →  À LA

L'  →  À L'

LES  →  AUX

## Examples-

1.  Elle va **au**restaurant

2.  Nous allons **à l'**hôtel

3.  Je vais **à la**poste

4.  Ils vont **aux**États -Unis

## Concept E- Reading practice

### <u>Parler de soi</u>

Pierre est un jeune garçon de 14 ans. Il vit à Paris avec ses parents et sa sœur cadette qui s'appelle Julie. Elle a 8 ans. Toute la petite famille habite dans un grand appartement au 3ème étage d'un immeuble situé près de la Tour Eiffel. Ainsi, Pierre a le privilège d'admirer chaque jour l'un des monuments les plus visités au monde !

Pour se rendre au collège, Pierre prend le métro à la station École Militaire et sort au collège Claude Debussy. Le trajet ne dure que 20 minutes ! Le week-end, Pierre aime passer du temps en famille. Tous les quatre en profitent pour visiter les musées parisiens, aller au cinéma, faire du shopping, ou se balader dans l'un des nombreux parcs de la capitale.

Les vacances sont les moments préférés de Pierre car il a pour habitude d'aller chez ses grands-parents qui vivent dans une ferme de la campagne normande. Toute la petite famille apprécie alors l'air pur, la nature et le calme pendant quelques semaines avant de rentrer à Paris.

**Practice A - Write down the opposites as given in the example-**

1. Elle est mince - elle est Grosse

2. Elle est  grande -

3. Il est bon-

4. Elles sont belles-

5. Il est laid -

**Practice B- Type the French translation of just the adjective in (parentheses) so that it agrees with the noun. For example, for "un stylo (blue)," you would type "bleu."**

1. une maison (green)

2. un garçon (short)

3. une voiture (German)

4. des crayons (black)

**Practice C- Conjugate the following verbs in present tense-**

1. Je (regarder) _________ la télévision avant d'aller me coucher.

2. Tu (manger) _________ des frites et du poisson tous les midis ?

3. Il (voyager) _________ dans un pays différent chaque année.

4. Nous (préférer) ________ aller au cinéma ce weekend.

5. Ils (écouter) _________ la radio dans leur chambre.

6. Nous (finir) _________ les devoirs avant de quitter l'école.

## Practice D- Contracted Articles

Fill in the blanks with correct form of contracted articles -

1. _______ école

2. _______ piscine (swimming pool)

3. _______ magasin

4. _______ café

## Practice E- - Listening practice

Answer the following questions after listening the audio twice -

Question 1:

Quel âge a Jessica ?

1.  9

2.  13

3.  16

4.  12

Question 2:

Combien de frères a Jessica ?

1.  1

2.  2

3.  3

4.  4

Question 3:

Quelles sont les langues que Jessica parle ?

1.  Le français, l'italien et l'allemand.

2.  L'anglais.

3.  L'espagnol et l'anglais.

4.  Seulement le français.

Question 4:

Où est-ce que Jessica et sa famille ont l'intention d'aller aujourd'hui
?

1.   Rendre visite à leur grand-mère.

2.   La plage.

3.   Le Cinéma.

4.   À l'école.

Question 5:

Quelle est la matière préférée de Jessica à l'école?

1.   Les maths.

2.   L'allemand.

3.   La science.

4.   Le sport et le français.

**Answers to practice A-**

2. Elle est petite

3. il est mauvais

4. elles sont laides

5. il est beau

**Answers to practice B-**

1.  Une maison verte

2.  Un petit garçon

3.  Une voiture allemande

4.  des crayons noirs

**Answers to practice C-**

1.  regarde

2.  manges

3.  voyage

4.  préférons

5.  écoutent

6.  finissons

**Answers to practice D-**

1.  À l'

2.  À la

3.  Au

4.  Au

## Answers to practice E-

### Transcription (listening practice)

Je m'appelle Jessica. Je suis une fille, je suis française et j'ai treize ans. Je vais à l'école à Nice, mais j'habite à Cagnes-Sur-Mer. J'ai deux frères. Le premier s'appelle Thomas, il a quatorze ans. Le second s'appelle Yann et il a neuf ans. Mon papa est italien et il est fleuriste. Ma mère est allemande et est avocate. Mes frères et moi parlons français, italien et allemand à la maison. Nous avons une grande maison avec un chien, un poisson et deux chats.

Aujourd'hui, on est samedi, nous rendons visite à notre grand-mère. Elle a 84 ans et elle habite à Antibes. J'adore ma grand-mère, elle est très gentille. Elle fait des bons gâteaux.

Lundi, je retourne à l'école. Je suis contente, je vais voir Amélie. C'est ma meilleure amie. J'aime beaucoup l'école. Mes matières préférées sont le français et le sport. J'aime beaucoup lire et je nage très bien.

# Adjectifs Possessifs

**Class Objective :**To learn Possessive Adjectives in French

**Concept A:**Adjectifs Possessifs

| Pronoun | Masculine | Feminine | Plural |
| --- | --- | --- | --- |
| Je | mon | ma | mes |
| Tu | ton | ta | tes |
| Il/Elle | son | sa | ses |
| Nous | notre | notre | nos |
| Vous | votre | votre | vos |
| Ils/elles | leur | leur | leurs |

For example:

- mon père- My father

- ma mère - My mother

- mes parents- My parents

- ton frère- Your brother

- ta sœur- Your sister

- tes frères- Your brothers

- son cousin- His/Her cousin

- sa cousine- His/Her cousin

- ses oncles- His/Her uncles

- notre maison- Our house

- nos maisons - Our houses

- votre voiture - Your car

- vos voitures- Your cars

- leur jardin - Their garden

- leurs jardins- Their gardens

**Note:**Ma, ta et sa → mon, ton et son devant une voyelle ou un « h »muet.

Par exemple :

- mon amie

- ton erreur

- son école

**Practice A: Fill in the blanks with the verb Aller**

1. Je _______ au cinéma avec mes camarades.

2. Chaque semaine, nous ________ à la piscine.

3. Aujourd'hui, ma sœur ______ à l'école.

4. Vous _________ au bureau tous les jours.

5. Mary _____ rencontrer sa sœur ce soir.

6. Ce pantalon _________ avec ton chemisier.

7. Je _______ au marché aujourd'hui.

8. Je trouve que ces deux couleurs _________ bien ensemble.

9. Nous _________ à la campagne les vacances prochaines.

10. Tu ___________ laver la vaisselle.

**Practice B: Fill in the blanks with the verb Aller.**

1. Julien _______ à la mer avec ses parents.

2. Les deux grandes amies ________ au restaurant.

3. Je suis malade, je _______ chez le docteur.

4. _________ - vous à Paris fréquemment ?

5. Je _______ au marché pour acheter des légumes.

6. Ma petite sœur et moi _________ au multisport cet après-midi.

7. Ma meilleure amie _______ jouer avec moi.

8. Quand _________-nous manger ?

9. Tu ______ faire tes devoirs.

10. Il _______ chez le dentiste une fois par semaine.

**Practice C: Adjectifs Possessifs**

 1. Complétez les phrases suivantes avec mon, ma ou mes.

1. Mon chat est gris et ma chatte est rousse.

2. .......... sœur est petite et .......... frères sont grands.

3. .......... père est ingénieur et ........... mère est couturière.

4. Voici ........... maillot (m) de bain et ......... sandales. Oups ! J'oubliais .......... serviette (f) de plage.

5. J'apporte .......... crayons et .......... cahier (m) en plus de .......... étui (m) à crayons.

6. J'ai écrit ........... numéro (m) de téléphone et .......... adresse (f) sur le papier.

**2. Complétez les phrases suivantes avec son, sa ou ses.**

1. le chat de Sophie : son chat

2. le vélo de l'étudiant : ....................................

3. la sœur de Julie : ........................................

4. le dictionnaire de Paul : ...............................

5. le sac de Lucie : ........................................

6. les notes du professeur : ..............................

7. l'amie d'Émilie : .........................................

8. le chapeau du jardinier : .............

**Practice D: Compléter avec des adjectifs possessifs**

1. ____________ appartement est à côté de ________ école. Je viens avec ______ vélo ou à pied avec ________ amis.

2. Vous avez ________ carte d'identité, ________ portefeuille et ________ clés ?

3. Elle prend _________ petit-déjeuner, elle prend _______ douche, elle s'habille avec ______ vêtements préférés et ________ élégante veste.

4. Les Français ont _______ Tour Eiffel, _______ champagne et _______ fromages !

**Answer to practice A:**

1. vais

2. allons

3. va

4. allez

5. va

6. va

7. vais

8. vont

9. allons

10. vas

**Answer to practice B:**

1. va

2. vont

3. vais

4. Allez

5. vais

6. allons

7. va

8. allons

9. vas

10. va

**Answer to practice C:**

1.

    1. Ma, mes

    2. Mon, ma

    3. mon, mes, ma

    4. mes, mon, mon

    5. mon, mon

2.

    1. son vélo

    2. sa sœur

    3. son dictionnaire

    4. son sac

    5. ses notes

    6. son amie

    7. son chapeau

**Answer to practice D:**

1. Mon, mon, mon, mes

2. Votre, votre, vos

3. son, sa, ses, son

4. leur, leur, leurs

**Lesson Summary:**

Scan QR code to play pronunciation audios

| Concept in French | Concept in English |
|---|---|
| Adjectifs Possessifs | Possessive Adjectives |
| mon père | My father |
| ma mère | My mother |

| | |
|---|---|
| mes parents | My parents |
| ton frère | Your brother |
| ta sœur | Your sister |
| tes frères | Your brothers |
| son cousin | His/Her cousin |
| sa cousine | His/Her cousin |
| ses oncles | His/Her uncles |
| notre maison | Our house |
| nos maisons | Our houses |
| votre voiture | Your car |
| vos voitures | Your cars |
| leur jardin | Their garden |
| leurs chiens | Their gardens |

# Past Tense (Passé composé)

**Class Objective:**To learn how to use past tense in French

**Concept A:**French past tense and their corresponding English past tense.

There are five past tenses in French:

1.  Passé simple - Simple past - used only in literature

2.  Passé compose- Compound past - used most frequently to describe completed actions of the past

3.  Imparfait - Imperfect - used to describe actions that were continuing in the past, also used to describe weather, places, people, in past narratives

4.  Plus Que Parfait - Past Perfect - used to describe action that happened in the past when another action took place

5.  Passé récent - used to describe an action that have been completed recently

This lesson mainly concentrates on Passé composé.

The following table describes which French tense correspond to a specific English past tenses:

| English Tense | English Example | French Tense | French Example |
| --- | --- | --- | --- |
| Simple Past | I ate. | Passé composé | J'ai mangé. |
| | The weather was beautiful. | Imparfait | Il faisait beau. |
| | I used to live in Paris. | | J'habitais à Paris. |
| | I just ate. (I just finished eating) | Passé récent | Je viens de manger. |
| Past Continuous | I was eating when he came. | Imparfait | Je mangeais quand il est venu. |
| | | Imparfait + En traine de + verb | J'étais en train de manger quand il est venu. |
| Past Perfect | I had eaten when he came. | Plus Que Parfait | J'avais mangé quand il est venu. |
| Past Perfect | I had been washing clothes | Plus Que | J'avais fait la lessive toute la |

| Continuous | all morning, yesterday. | Parfait | matinée, hier. |
|---|---|---|---|
| | I had been living in that house for 10 years. | Imparfait | J'habitais dans cette maison depuis 10 ans. |

**Concept B:** Conjugation of Passé composé with avoir as auxiliary.

Subject + avoir in present tense + past participle of the main verb

Most verbs are conjugated with avoir as an auxiliary verb; except - all pronominal verbs and some verbs indicating movement.

Past participle of various verb groups are as below:

| Regular Verbs | | | Irregular verbs | | |
|---|---|---|---|---|---|
| ER Verbs | RE Verbs | IR Verbs | RE Verbs | OIR Verbs | Some other common Verbs |
| Parler - parlé | vendre - vendu | finir - fini | prendre - pris | pouvoir - pu | être - été |
| écouter - écouté | perdre - perdu | choisir - choisi | apprendre - appris | vouloir - voulu | avoir - eu |
| manger - mangé | répondre - répondu | réussir - réussi | comprendre - compris | devoir - dû | venir - venu |
| aller - allé | attendre - attendu | agir - agii | mettre - mis | savoir - su | faire - fait |

**Expressions:**

1. J'ai mangé tout le gâteau. - I ate the entire cake.

2. J'ai fait la lessive, ce matin.- I washed clothes this morning.

3. Tu as fini tes devoirs ? - You finished your homework?

4. Il a regardé tout le film. - He watched the entire film.

5. Elle a lavé la voiture. - She washed the car.

6. À Paris, nous avons visité le Château.- At Paris, we visited the castle.

7. Vous avez fait un gâteau. - You made a cake.

8. Elles ont réussi aux examens. - They have passed the exam.

9. Comme il pleuvait, Nous avons pris la voiture. - As it was raining, we took the car.

10. Ils ont décidé d'aller en Europe pour les vacances. - They have decided to go to Europe for the vacation.

**Concept C**: Conjugation of Passé composé with être as auxiliary.

Subject + être in present tense + past participle of the main verb

The following verbs are conjugated with être as an auxiliary:

1. All pronominal verbs - se lever, se laver, se réveiller, s'habiller, s'amuser

2. The following 12 verbs:(acronym DR. MRS. VANDERTRAMPP)

1. Descendre

2. Rentrer

3. Monter

4. Rester

5. Sortir

6. Venir

7. Aller

8. Naître

9. Devenir

10. Être

11. Revenir

12. Tomber

13. Retourner

14. Arriver

15. Mourir

16. Partir

17. Passer

**The Accord of Past Participle when être is auxiliary:**

- The past participle used with the verb être must agree with the subject in number and person.

- Add an "e" to the past participle to indicate feminine subject.

- Add a "s" to indicate plural subject, except when past participle end with a s, like pris, assis.

Example of past tense with **avoir**and **être**.

| Laver | Se Laver |
|---|---|
| J'ai lavé | Je me suis lavé(e) |
| Tu as lavé | Tu t'es lavé(e) |
| Il a lavé | Il s'est lavé |
| Elle a lavé | Elle s'est lavé**e** |
| Nous avons lavé | Nous nous sommes lavé**s**/ lavé**es** |
| Vous avez lavé | Vous êtes lavé(es) |
| Ils ont lavé | Ils sont lavé**s** |
| Elles ont lavé | Elles sont lavé**es** |

## Expressions:

1. Je me suis réveillé à six heures ce matin. - I woke up at 6 am this morning

2. Hier, je suis allé au cinéma. - Yesterday, I went to a movie.

3. Sophie est née à Nice. - Sophie was born in Nice.

4. Paul est né à Nice.- Paul was born in Nice.

5. Mes sœurs sont venu**es**. - My sisters came.

6. Les garçons sont allésau jardin. - The boys went to the garden.

7. Nous nous sommes assis dans le premier rang. - We sat in the first row.

8. Est-ce que vous êtes monté dans cette colline ? - Did you climb that hill?

9. Humpty est tombé du mur. - Humpty fell from the wall.

10. Nous sommes entrésdans le salon quand ils sont partis. - We entered the hall when they left.

**Practice A: Identify the correct past participle for the given verbs:**

| Verb | Option A | Option B | Option C | Option D |
|---|---|---|---|---|
| Partir | part | partis | parti | parté |
| Monter | monté | monti | montis | mont |
| Être | été | etis | êtes | êtré |
| Avoir | avu | eu | aie | ayé |
| Prendre | Prendré | prendu | pris | prend |
| naître | naitré | nu | nait | né |
| Faire | fait | fu | faité | fallu |
| Finir | finit | fini | finiré | finu |

**Practice B: Fill in the blanks with the correct form of avoir or être:**

1. Elle _____ lavé la voiture. - He washed the car.

2. Vous _____ fait un gâteau. - You made a cake.

3. Je me _____ réveillé à 6 heures ce matin. - I woke up at 6 am this morning

4. À Paris, nous _____ visité le Château.- At Paris, we visited the castle.

5. Hier, je _____ allé au cinéma. - Yesterday, I went to a movie.

6. J'_____ mangé tout le gâteau. - I ate the entire cake.

7. Sophie _____ née à Nice. - Sophie was born in Nice.

8. Humpty _____ tombé du mur. - Humpty fell from the wall.

9. Mes sœurs _____ venues. - My sisters came.

10. Comme il pleuvait, nous _____ pris la voiture. - As it was raining, we took the car.

**Practice C: Make changes to the past participle to agree with number and person:**

1. Nicholas s'est assis. (no change, add e, add es, add s)

2. Sophie s'est assis. (no change, add e, add es, add s)

3. Ils se sont assis.(no change, add e, add es, add s)

4. Ils se sont habillé. (no change, add e, add es, add s)

5. Elles se sont assis. (no change, add e, add es, add s)

**Answer to Practice A:**

| Verb | Option A | Option B | Option C | Option D |
|---|---|---|---|---|
| Partir | | | parti | |
| Monter | monté | | | |
| Être | été | | | |
| Avoir | | eu | | |
| Prendre | | | pris | |
| naître | | | | né |
| Faire | fait | | | |
| Finir | | fini | | |

**Answer to Practice B: Fill in the blanks with the correct form of avoir or être:**

1. Elle <u>a</u>lavé la voiture. - He washed the car.

2. Vous <u>avez</u>fait un gâteau. - You made a cake.

3. Je me <u>suis</u>réveillé à 6 heures ce matin. - I woke up at 6 am this morning

4. À Paris, nous <u>avons</u>visité le Château.- At Paris, we visited the castle.

5. Hier, je <u>suis</u>allé au cinéma. - Yesterday, I went to a movie.

6. J'<u>ai</u>mangé tout le gâteau. - I ate the entire cake.

7. Sophie <u>est</u>néeà Nice. - Sophie was born in Nice.

8.  Humpty <u>est</u>tombé du mur. - Humpty fell from the wall.

9.  Mes sœurs <u>sont</u>venu**es**. - My sisters came.

10. Comme il pleuvait, nous <u>avons</u>pris la voiture. - As it was raining, we took the car.

**Answer to Practice C: Make changes to the past participle to agree with number and person:**

1.  Nicholas s'est assis. (no change)

2.  Sophie s'est assis**e**. (add e)

3.  Ils se sont assis.(no change, because it is ending in s)

4.  Ils se sont habillé**s**. (add s)

5.  Elles se sont assis**es**. (add es)

**Lesson Summary:**

Scan QR code to play pronunciation audios

| Concept in French | Concept in English |
| --- | --- |
| Passé simple | Simple past |
| Passé compose | Compound past |
| Imparfait | Imperfect |
| Plus Que Parfait | Past Perfect |
| J'ai mangé. | I ate. |
| Il faisait beau. | The weather was beautiful. |
| J'habitais à Paris. | I used to live in Paris. |
| Je viens de manger. | I just ate. (I just finished eating) |
| Je mangeais quand il est venu. | I was eating when he came. |
| J'étais en train de manger quand il est venu. | I was eating when he came. |
| J'avais mangé quand il est venu. | I had eaten when he came. |
| J'avais fait la lessive toute la matinée, hier. | I had been washing clothes all morning, yesterday. |
| J'habitais dans cette maison depuis 10 ans. | I had been living in that house for 10 years. |
| J'ai mangé tout le gâteau. | I ate the entire cake. |
| J'ai fait la lessive, ce matin. | I washed clothes this morning. |

| | |
|---|---|
| Tu as fini tes devoirs ? | You finished your homework? |
| Il a regardé tout le film. | He watched the entire film. |
| Elle a lavé la voiture. | She washed the car. |
| À Paris, nous avons visité le Château. | At Paris, we visited the castle. |
| Vous avez fait un gâteau. | You made a cake. |
| Elles ont réussi aux examens. | They have passed the exam. |
| Comme il pleuvait, Nous avons pris la voiture. | As it was raining, we took the car. |
| Ils ont décidé d'aller en Europe pour les vacances. | They have decided to go to Europe for the vacation. |
| Je me suis réveillé à six heures ce matin. | I woke up at 6 am this morning |
| Hier, je suis allé au cinéma. | Yesterday, I went to a movie. |
| Sophie est née à Nice. | Sophie was born in Nice. |
| Paul est né à Nice. | Paul was born in Nice. |
| Mes sœurs sont venues. | My sisters came. |
| Les garçons sont allés au jardin. | The boys went to the garden. |
| Nous nous sommes assis dans le premier rang. | We sat in the first row. |
| Est-ce que vous êtes monté | Did you climb that hill? |

| | |
|---|---|
| cette colline ? | |
| Humpty est tombé du mur. | Humpty fell from the wall. |
| Nous sommes entrés le salon quand ils sont partis. | We entered the hall when they left. |
| Laver | Wash |
| J'ai lavé | I washed |
| Tu as lavé | You washed |
| Il a lavé | He washed |
| Elle a lavé | She washed |
| Nous avons lavé | We washed |
| Vous avez lavé | You washed |
| Ils ont lavé | They washed |
| Elles ont lavé | They washed |
| Se Laver | Wash yourself |
| Je me suis lavé(e) | I washed my self |
| Tu t'es lavé(e) | You washed yourself |
| Il s'est lavé | He washed himself |
| Elle s'est lavée | She washed herself |
| Nous nous sommes lavés / lavées | We washed / washed |

| | |
|---|---|
| Vous êtes lavé(es) | You are washed |
| Ils sont lavés | They are washed |
| Elles sont lavées | They are washed |

# Prepositions

**Class Objective:**To learn GER and IR group verbs and Prepositions.

## Concept A- GER group verbs

Je              mange

tu              mang**es**

Il / elle / on    mange

nous            mang**eons**

vous            mang**ez**

ils/elles        mang**ent**

| French | English Word |
|---|---|
| Ranger | (to tidy up) |
| Changer | (to change) |
| Voyager | (to travel) |
| Corriger | (to correct/mark) |
| Obliger | (to force) |

| Nager | (to swim) |
|---|---|
| Mélanger | (to mix) |
| Bouger | (to move) |

## Concept B: IR Group verbs

### Remplir (to fill)

Je          remp**lis**

tu          remp**lis**

il/elle/on          remp**lit**

nous          remp**lissons**

vous          remp**lissez**

Ils/elles          remp**lissent**

| French | English Words |
|---|---|
| Bâtir | to build |
| Grandir | to grow up |
| Choisir | to choose |
| finir | to finish |
| grossir | to gain weight, to get fat |
| punir | to punish |
| réfléchir | to reflect, to think |

| | |
|---|---|
| remplir | to fill |
| réussir | to succeed |
| vieillir | to age, grow old |

## Concept C: Prépositions

- à      at, in, to

- après      after

- avant      before

- avec      with

- à côté de      next to

- à droit de      to the right

- à gauche de      to the left

- chez      at/to ...'s house/place

- contre      against

- dans      in(side)

- de      of, from

- depuis      since, from

- derrière      behind

- devant      in front of, outside (the front of)

- au-dessus      above

- au-dessous    below

- en    in

- entre    between, among

- environ    about, approximately

- par    by, through

- près de    near to

- loin de    far from

- pendant    during

- pour    for

- sans    without

- sauf    except

- selon    according to, depending on

- sous    under(neath)

- sur    on

- vers    towards

## Practice A: GER group verbs

1. Je _______ (ranger) mon bureau.

   I'm tidying up my desk.

2. Tu ________(mélanger) les couleurs sur ta palette.

   You're mixing the colors on your palette.

3. Guillaume _________ (voyager) beaucoup.

Guillaume travels a lot.

4. Nous _________ (changer) la couleur du papier peint.

We are changing the color of the wallpaper.

5. Vous _________ (nager) tous les samedis matins.

You swim every Saturday morning.

6. Les professeurs _________ (corriger) les copies.

The teachers mark copies.

## Practice B: IR group verbs

1. Nous _________ (finir) finissons le travail après avoir pris notre repas.

2. Les enfants _________(courir) dans le jardin.

3. Le professeur ___________(punir) punit son élève.

4. D'où ___________(venir) venez - vous ?

5. Nous ___________ (sortir) tout de suite.

6. Je ___________(courir) chaque matin.

7. Je ___________(maigrir) maigris de plus en plus.

8. Je ___________(mourir) d'envie d'aller au musée !

9. Je ___________ (punir) les enfants ce soir

## Practice C: Prepositions

1. Samedi prochain je vais ______ mon meilleur ami.

2. Nous partirons cette année faire du ski ____ février.

3. _________ la météo, il fera beau la semaine prochaine.

4. ____ 2004, nous sommes allés en Allemagne ou au Mexique ?

5. Le magasin est ouvert _____ 8 heures ______ 20 heures.

**Practice D: Rewrite the sentences by replacing the underlined preposition with its opposite.**

1. Le supermarché est situé près de chez moi.

Le supermarché est situé ______ chez moi.

2. Il a posé son sac sous la table.

Il a posé son sac ______ la table.

3. Nous sommes partis après la fin du concert.

Nous sommes partis _______ la fin du concert.

4. Le cinéma est à gauche de l'opéra.

Le cinéma est _________ l'opéra.

5. Nos amis habitent l'appartement au-dessus.

Nos amis habitent l'appartement _________.

**Answer to Practice A**

1. range

2. Mélanges

3. voyage

4. Changeons

5. Nagez

6. Corrigent

## Answer to Practice B

1. finissons

2. courent

3. punit

4. venez

5. sortons

6. cours

7. maigris

8. meurs

9. punis

## Answer to Practice C

1. à

2. en

3. selon

4. en

5. de, à

## Answer to Practice D

1. L'oins de

2. sur

3. avant

4. à droite

5. au- dessous

**Lesson Summary:**

Scan QR code to play pronunciation audios

| Concept in French | Concept in English |
|---|---|
| ranger | to tidy up |
| changer | to change |
| voyager | to travel |
| corriger | to correct/mark |
| obliger | to force |

| nager | to swim |
|---|---|
| mélanger | to mix |
| bouger | to move |
| bâtir | to build |
| grandir | to grow up |
| choisir | except |
| finir | to finish |
| grossir | to gain weight, to get fat |
| punir | to punish |
| réfléchir | to reflect, to think |
| remplir | to fill |
| réussir | to succeed |
| vieillir | to age, grow old |
| à | at, in, to |
| après | after |
| avant | before |
| avec | with |
| à côté de | next to |
| à droit de | to the right |
| à gauche de | to the left |

| | |
|---|---|
| chez at/to ...'s | house/place |
| contre | against |
| dans | in(side) |
| de | of, from |
| depuis | since, from |
| derrière | behind |
| devant | in front of, outside (the front of) |
| au dessus | above |
| au dessous | below |
| en | in |
| entre | between, among |
| environ | about, approximately |
| par | by, through |
| près de | near to |
| loin de | far from |
| pendant | during |
| pour | for |
| sans | without |
| sauf | except |
| selon | according to, depending on |

| sous | under(neath) |
|------|--------------|
| sur  | on           |
| vers | towards      |

# GROUP OF VERBS (ER, RE, IR)

**Class Objective:**To learn the conjugations of various group of verbs and make sentences.

There are more than 10,000 verbs in French with more than 100 different conjugations.

The best way to learn conjugations is to divide them into certain groups.

There are three main groups in French grammar -

1.  The first group - ER group

2.  The second group - IR group

3.  The third group - RE group

The verbs that follow conjugations of these three main groups are called **regular**and the rest all are **irregular.**

### Concept A: Verb Group ER

Most of the verbs fall in the ER verb group. The conjugationsdiscussed below are for regular ER verbs.

The ER verb group can be further divided into different types of ER verbs, such as CER, GER, YER and stem changing-ER verbs:

| Subject | Suffix | Normal ER | Stem Changing ER | CER | GER | YER |
|---|---|---|---|---|---|---|
| some verbs that follow the pattern | | parler, jouer, écouter, laver, s'habiller | lever, acheter, préférer appeler, jeter | annoncer commencer effacer remplacer | manger nager ranger | payer employer |
| Verb | | parler | lever | commencer | manger | payer |
| Je | e | parle | lève | commence | mange | paye/paie |
| Tu | es | parles | lèves | commences | manges | payes/ paies |
| Il/Elle | e | parle | lève | commence | mange | paye/paie |
| Nous | ons | parlons | levons | commençons | mangeons | payons |
| Vous | ez | parlez | levez | commencez | mangez | payez |
| Ils/ Elles | ent | parlent | lèvent | commencent | mangent | payent/ paient |
| Past Participle | | parlé | levé | commencé | mangé | payé |

- In stem changing verbs - the stem changes for all the conjugation verbs except for Nous and vous. Either there is an extra accent, change in accent or a doubleconsonant.

Examples - Lever - lèv, acheter - achèt, préférer-préfèr, appeler - appell, jeter -jett

- The only difference in CER verbs is the cedilla below c. The cedile is placed in Nous conjugation commencons to make the hard c (k sound) soft c (s sound).

- Similarly for GER verbs, in nous conjugaison, an extra e is placed to make the hard g sound to soft g.

**Examples:**

1. Je <u>parle</u>français. - I speak French.

2. Tu <u>écoutes</u>de la musique. - You listen to the music.

3. Nous <u>regardons</u>la télé. - We watch TV.

4. Ils <u>jouent</u>au foot. - They play football.

5. Nous <u>mangeons</u>du gâteau. - We eat cake.

6. Nous <u>commençons</u>le cours ? - We start the class?

7. Le cours <u>commence</u>à 7 heures. - The class starts at 7 am.

8. Ils <u>nettoient</u>la cour. - They clean the courtyard.

9. Vous <u>vous habillez maintenant</u>? - You are getting ready now?

10. <u>Elle paie en liquide.</u>- She pays in cash.

**Concept B: Verb Group RE**

The RE group can be divided into regular RE verbs and irregular RE verbs.

| Subject | Suffix | Regular RE | Irregular RE verbs | | | |
|---|---|---|---|---|---|---|
| | | | RE Verbs | RE verbs | | |
| verbs that follow the pattern | | descendre<br><br>vendre<br><br>attendre<br><br>entendre<br><br>perdre | prendre<br><br>apprendre<br><br>comprendre | suffix | lire<br><br>conduire<br><br>construire<br><br>detruire | dire |
| Verb | | vendre | prendre | | lire | |
| Je | s | vend**s** | prend**s** | s | lis | dis |
| Tu | s | vend**s** | prend**s** | s | lis | dis |
| Il/Elle | _ | vend | prend | t | lit | dit |
| Nous | ons | vend**ons** | pren**ons** | ons | lisons | disons |
| Vous | ez | vend**ez** | pren**ez** | ez | lisez | dites |
| Ils/ Elles | ent | vend**ent** | prenn**ent** | ent | lisent | disent |
| Past participle | | vendu | pris | | lu / conduit | dit |

- Between the vendre and pendre, the main difference is in the conjugations of plural subjects, as highlighted above.

- Dire is conjugated as lire, with the exception to vous, highlighted above.

**Examples:**

1. J'entends du bruit. - I hear some noise.

2. Tu toujours perds des clés.  - You always lose the keys.

3. La vendeuse vend des fruits. - The saleswoman sells fruits.

4. Nous descendons de l'escalier. - We come down the stairs.

5. Vous attendez quelqu'un, monsieur? - You are waiting for someone, sir?

6. Ils entendent mal. - They can barely hear.

7. Je prends du thé. - I take tea.

8. Nous prenons un parapluie. - We take an umbrella.

9. Vous lisez plus que moi. - You read more than me.

10. Vous dites la vérité. - You tell the truth.

**Concept C: The IR verbs can also be divided into regular and irregular verbs.**

| Subject | Suffix | Regular IR | Irregular IR Verbs | |
|---|---|---|---|---|
| verbs that follow | | finir

choisir | suffix | partir

sortir |

| the pattern | | rougir<br><br>blanchir<br><br>réussir | | |
|---|---|---|---|---|
| Verb | | finir | | partir |
| Je | s | fin**is** | s | par**ts** |
| Tu | s | fin**is** | s | par**ts** |
| Il/Elle | t | fin**it** | -/ t | par**t** |
| Nous | ssons | fin**issons** | Ons | part**ons** |
| Vous | ssez | fin**issez** | ez | part**ez** |
| Ils/ Elles | ssent | fin**issent** | ent | part**ent** |
| Past participle | | fini | | parti |

- The conjugations of both groups above are similar for the singular subjects. However, there is a big difference in the conjugations of the plural verbs.

**Examples**:

1. Je réussis à mon examen. - I passed my exam.

2. Tu finis tes devoirs. - You finish your homework.

3. Le garçon pâlit quand on le questionne. - The boy becomes pale when we question him.

4. Elle part demain. - She is leaving tomorrow.

5.  Nous choisissons de belles robes. - We choose beautiful dresses.

6.  Nous partons pour Londres, demain. - We are leaving for London, tomorrow.

7.  Vous choisissez quel livre ? - Which book do you choose?

8.  Vous sortez tous les weekends ? - Do you go out every weekend?

9.  Les filles rougissent quand on fait l'éloge de leur travail. - The girls blush when we praise their work.

10. Les jeunes sortent tous les soirs. - The young people go out every evening.

**Practice A: fill in the gaps with the correct form of the present tense.**

1.  J'_________ du bruit. (noise) (entendre)

2.  Nous ________ votre appartement. (vendre)

3.  Tu _________ quelqu'un ? (attendre)

4.  Tex __________ de l'escalier. (descendre)

5.  Vous ________ aux questions. (répondre)

6.  Ils ne __________ pas l'argent(money) ? (rendre)

**Practice B: fill in the gaps with the correct form of the present tense.**

1.  Normalement, je ____________ tôt. (se lever)

2.  La cuisine est sale, Je ____________ demain ? (nettoyer)

3.  Ils __________ à adorer le français. (commencer)

4. Jasmine et toi, vous __________ au Mexique en été. (voyager)

5. Jack et Paul _______ dans la piscine (swimming pool). (nager)

6. Tom et moi, nous __________ un ordinateur (computer). (partager)

7. L'enfant ____________ de parler français. (essayer)

## Practice C: fill in the gaps with the correct form of the present tense.

1. Je ____________ les ménages. (household work) (finir)

2. Pourquoi tu ____________ ? (rougir - blush)

3. Il ___________ un manteau rouge.(choisir)

4. Farida et toi, vous __________ vite. (grandir - to become tall)

5. Jack et Paul _______ aux examens. (réussir - to pass)

6. Tom et moi, nous ____________ un cadeau pour son anniversaire. (choisir)

## Answer to Practice A

1. J'entends du bruit. (noise) (entendre)

2. Nous vendons votre appartement. (vendre)

3. Tu attends quelqu'un ? (attendre)

4. Tex descend de l'escalier. (descendre)

5. Vous répondez aux questions. (répondre)

6. Ils ne  rendent pas l'argent(money)? (rendre)

## Answer to Practice B

1. Normalement, je  me lève tôt. (se lever)

2. La cuisine est sale, je nettoie demain ? (nettoyer)

3. Nous commençons à adorer le français. (commencer)

4. Jasmine et toi, vous voyagez au mexique en été. (voyager)

5. Jack et Paul nagent dans la piscine (swimming pool). (nager)

6. Tom et moi, nous partageons un ordinateur (computer). (partager)

7. L'enfant essaye de parler français. (essayer)

## Answer to Practice C

1. Je finis les ménages. (household work) (finir)

2. Pourquoi tu rougis ? (rougir - blush)

3. Il choisit un manteau rouge.(choisir)

4. Farida et toi, vous grandissez vite. (grandir - to grow, to become tall)

5. Jack et Paul réussissent aux examens. (réussir - to pass)

6. Tom et moi, nous choisissons un cadeau pour son anniversaire. (choisir)

## Lesson Summary:

Scan QR code to play pronunciation audios

| Concept in French | Concept in English |
|---|---|
| Je parle francais. | I speak French. |
| Tu ecoutes de la music. | You listen to the music. |
| Nous regardons la télé. | We watch TV. |
| Ils jouent au foot. | They play football. |
| Nous mangeons du gâteau. | We eat cake. |
| Nous commençons le cours? | We start the class? |
| Le cours commence a 7 heures. | The class starts at 7 am. |
| Ils nettoient la cour. | They clean the courtyard. |
| Vous vous habillez maintenant? | You are getting ready now? |

| | |
|---|---|
| Elle paie en liquide. | She pays in cash. |
| parle | speak |
| parles | speak |
| parlons | let's talk |
| parlez | speak |
| parlent | talk |
| lever | get up |
| lèves | raise |
| lève | survey |
| levons | let's get up |
| levez | lift up |
| lèvent | wind |
| commencer | to start |
| commence | start |
| commences | begin |
| commençons | let's start |
| commencez | start |
| commencent | begin |
| nager | to swim |
| ranger | tidy |

| | |
|---|---|
| mange | eat |
| manges | eat |
| mangeons | let's eat |
| mangez | eat |
| mangent | eat |
| payer | pay |
| paye | paid |
| paies | payroll |
| paie | pay |
| payons | we pay |
| payez | pay |
| payent | pay |
| paient | pay |
| payé | paid |
| vends | sell |
| vend | sells |
| vendons | let's sell |
| vendez | sell |
| vendent | sell |
| prendre | to take |

| | |
|---|---|
| prends | take |
| prend | take |
| prenons | take |
| prenez | take |
| prennent | take |
| lire | read |
| lis | Lily |
| lit | bed |
| lisons | read |
| lisez | read |
| lisent | read |
| lu conduit | read led |
| dis | say |
| dit | said |
| disons | let's say |
| dites | say |
| disent | say |
| J'entends du bruit. | I hear some noise. |
| Tu toujours perds des clés. | You always lose the keys. |
| La vendeuse vend des fruits. | The saleswoman sells |

| | fruits. |
|---|---|
| Nous descendons de l'escalier. | We come down the stairs. |
| Vous attendez quelqu'un, monsieur? | You are waiting for someone, sir? |
| Ils entendent mal. | They can barely hear. |
| Je prends du thé. | I take tea. |
| Nous prenons un parapluie. | We take an umbrella. |
| Vous lisez plus que moi. | You read more than me. |
| Vous dites la vérité. | you tell the truth. |
| finis | finished |
| finit | ends |
| finissons | let's finish |
| finissez | finish |
| finissent | end |
| Je réussis à mon examen. | I pass my exam. |
| Tu finis tes devoirs. | You finish your homework. |
| Le garçon pâlit quand on le questionne. | The boy becomes pale when we question him. |
| Elle part demain. | She is leaving tomorrow. |
| Nous choisissons de belles robes. | We choose beautiful dresses. |

| | |
|---|---|
| Nous partons pour Londres, demain. | We are leaving for London, tomorrow. |
| Vous choisissez quel livre? | Which book do you choose? |
| Vous sortez tous les weekends? | Do you go out every weekend? |
| Les filles rougissent quand on fait l'éloge de leur travail. | The girls blush when we praise their work. |
| Les jeunes sortent tous les soirs. | The young people go out every evening. |
| parts | shares |
| partons | let's go |
| partez | go away |
| partent | leave |
| parti | left |

# Countable and Uncountable

**OBJECTIVE:**To understand countable and uncountable (Les Articles partitifs)

## Concept A: Introduction

The partitive article refers to an unspecified quantity of food, liquid, or some other uncountable noun. English has no equivalent article – the partitive is usually translated by the adjectives "some" or "any," or may be left out entirely.

Characteristics of partitive articles:

Used with uncountable nouns like chocolate, water, and money

For example:

- Achète des épinards.      Buy some spinach.

- J'ai mangé du pain hier.     I ate bread yesterday.

## Concept B: French partitive articles

| | |
|---|---|
| Masculine singular | Du |
| Feminine singular | De la |
| With a vowel/silent "h" | De l' |
| Plural (m and f) | Des |

## Using partitive articles

1. The partitive article is needed when talking about an unknown or unspecified quantity of something uncountable.

For example:

- Je veux de l'eau.        I want some water.

- J'ai acheté des pâtes.        I bought some pasta.

Water and pasta are both uncountable – you can't ask "how many" water or pasta, only "how much."

2. The partitive is used with abstract nouns after verbs like avoir.

For example,

- Tu as de la chance.          You're lucky.

3. The partitive is also used with faire and jouer plus musical instruments, and with faire for sports and other activities in the sense of practicing.

For example,

- Je joue du violon.          I play the violin.

- Il fait du droit.          He practices law.

## Verbs with les article définis (le, la, l', les)

- Préférer: to prefer

- Aimer: to like

- Adorer: to adore

- Désirer: to desire

- Détester: to hate

## Verbs with les articles partitifs (du, de la, de l', des)

- Manger: to eat

- Préparer: to prepare

- Vouloir:to wish, to want

- Prendre: to take

- Boire: to drink

- Acheter: to buy

## Examples:

- Je veux **du**riz- I want some rice

- Mais, je préfère **le**riz. - But, I prefer rice.

- Il prépare **du**gâteau- He bakes cake

- Il aime **le**gâteau- He likes the cake

- Elle mange **de la**pomme- She eats apple

- Elle adore **la**pomme- She likes an apple

- Sophie boit **du**lait- Sophie drinks some milk

- Sophie déteste **le**lait- Sophie hates milk

## Practice A: Complétez avec les articles partitifs :

1. David mange _________ fruits tous les jours. (whole day)

2. Nous prenons _________ eau.

3. Elle préfère _______ lait et _______ chocolat.

4. Je veux _________ limonade.

5. Il boit ______ lait et _______ jus de fruits.

6. Je prends _______ thé avec _______ baguette.

7. Monique mange _______ tartes avec _______ beurre et Emilie prend _______ croissants.

## Answer to Practice A

1. Des

2. De l'

3. Du, du

4. De la

5. Du, du

6. Du, de la

7. Des, du, des

# Future Tense

**Class Objective:** To learn how to use future tense in French

**Concept A:** Different forms of Future Tenses in French

There are three forms of future tense in French:

1. Futur simple - Simple future - describes the actions that will occur in future

2. Futur Antérieur - Future Perfect - describes an action that will have occurred before another action in future

3. Futur Proche - Near Future - describes an action that will take place in near future - corresponds to the going to + verb construction of English.

This lesson mainly concentrates on Future Simple and Near Future.

The following table describes which French tense correspond to a specific English Future tense:

| English Tense | English Example | French Tense | French Example |
|---|---|---|---|
| Simple Future | I will make a cake.<br><br>I am going to make a cake. | Futur simple | Je ferai un gâteau.<br><br>Je vais faire un gâteau. |

|  |  | Futur Proche |  |
|---|---|---|---|
| Future Continuous | I will be making a cake. | Futur simple | Je ferai un gâteau. |
|  |  | Futur simple + En traine de + verb | Je serai en train de faire un gâteau. |
| Future Perfect | I will have made a cake by the time he arrives. | Futur Antérieur | J'aurai fait un gâteau quand il viendra. |

**Concept B:**Conjugation of futur simple.

Future Tense has a distinct conjugation in French.

To conjugate a verb in Future Tense:

Subject + future stem + avoir endings in present tense(-ai/-as/-a/-ons/-ez/-ent)

Future Tense for various verb groups are as below:

| Subject | Present tense avoir endings | Regular Verbs |  |  | Irregular verbs |  |  |
|---|---|---|---|---|---|---|---|
|  |  | ER Verbs Stem - entire | RE Verbs Stem - | IR Verbs Stem - entire | Être Stem - ser | Avoir Stem- aur | Aller Stem - ir |

|  |  | verb | drop e<br><br>Vendr | verb |  |  |  |
| --- | --- | --- | --- | --- | --- | --- | --- |
| Je | ai | parlerai | vendrai | finirai | serai | aurai | irai |
| Tu | as | parleras | vendras | finiras | seras | auras | iras |
| Il/Elle | a | parlera | vendra | finira | sera | aura | ira |
| Nous | ons | parlerons | vendrons | finirons | serons | aurons | irons |
| Vous | ez | parlerez | vendrez | finirez | serez | aurez | irez |
| Ils/Elles | ont | parleront | vendront | finiront | seront | auront | iront |

## Examples:

1. Je mangerai tout le gâteau.    I will eat the entire cake.

2. Je ferai la lessive, ce matin.    I will wash clothes this morning.

3. Tu finiras tes devoirs avant de jouer.    You will finish your homework before playing.

4. Il regardera ce film avec ses amis.    He will watch this film with his friends.

5. Elle lavera la voiture samedi.    She will wash the car on Saturday.

6. À Paris, nous irons au Château.    At Paris, we will go to the castle.

7. Vous ferez un gâteau demain.     You will make a cake tomorrow.

8. Elles réussiront aux examens.     They will pass the exam.

**Concept C:**Futur Proche

Subject + aller in the present tense + infinitive of the main verb

<u>Examples:</u>

1. Je vais me réveiller à six heures demain matin. - I am going to wake up at 6 am tomorrow morning

2. Ce soir, je vais aller au cinéma. - This evening, I am going to go to a movie.

3. Mes sœurs vont venir. - My sisters are going to come.

4. Nous allons nous asseoir dans le premier rang. - We are going to sit in the first row.

5. Est-ce que vous allez monter cette colline ? - Are you going to climb that hill?

**Concept D:**When to use futur Proche and futur simple.

- Futur simple is used to describe an action or event that will happen or occur in the future. There is a possibility of that action to take place.

- Futur Proche is used to describe an action that is planned in the recent future. It is more likely to happen.

**Practice A:** Identify the correct future tense for the given verbs and subjects:

| Verb | Option A | Option B | Option C | Option D |
|---|---|---|---|---|
| Partir, Je | partai | partirai | parts | parté |
| Monter, Tu | monteras | montas | montais | monte |
| Être, Il | été | sers | sera | êtré |
| Avoir, elle | a | eu | aua | aura |
| Prendre, nous | prendrons | prendu | prendons | prenons |
| Boire, vous | boirai | borez | buvez | boirez |
| Faire, ils | fait | font | feront | fairont |
| Finir, elles | finiront | finissons | finissent | finont |

**Practice B: Fill in the blanks with the correct form of the verb aller to make futur proche.**

1. Elle _____ laver la voiture. - She is going to wash the car.

2. Vous _____ faire un gâteau. - You are going to make a cake.

3. Il _____ se réveiller tôt demain matin. - He is going to wake up early tomorrow morning.

4. À Paris, nous _____ visiter le Château.- At Paris, we are going to visit the castle.

5. Ce soir, je _____ regarder un film. - This evening, I am going to watch a movie.

6. Mes sœurs _____ venir - My sisters are going to come.

7. Ils _______ finir leurs devoirs avant de jouer. - They are going to finish their homework before playing.

8. Tu ______ parler au professeur.- You are going to talk to the teacher.

## Practice C: Fill in the blanks with correct future simple conjugations:

1. Nicholas _________ debout dans le premier rang. (Être) - Nicholas will be standing in the first row.

2. Sophie _______ 13 ans en décembre. (Avoir) - She will be 13 in December.

3. Ils _________ leurs devoirs avant de jouer.(finir) - They will finish their homework before playing.

4. Nous _________ vite pour sauver le temps. (S'habiller) - We will dressup fast to save time.

5. J'______ à Paris l'année prochaine.(aller) - I will go to Paris next year.

**Answer to Practice A:**

| Verb | Option A | Option B | Option C | Option D |
|---|---|---|---|---|
| Partir, Je | | partirai | | |
| Monter, Tu | monteras | | | |
| Être, Il | | | sera | |
| Avoir, elle | | | | aura |

| Prendre, nous | prendrons | | | |
|---|---|---|---|---|
| Boire, vous | | | | boirez |
| Faire, ils | | | feront | |
| Finir, elles | finiront | | | |

**Answer to Practice B:**Fill in the blanks with the correct form of aller

1. Elle <u>va</u>laver  la voiture.

2. Vous <u>allez</u>faire un gâteau.

3. Il <u>va</u>se réveiller tôt demain.

4. À Paris, nous <u>allons</u>visiter le château.

5. Ce soir, je <u>vais</u>regarder un film.

6. Mes sœurs <u>vont</u>venir.

7. Ils <u>vont</u>finir leurs devoirs avant de jouer.

8. Tu <u>vas</u>parler au professeur.

**Answer to Practice C:**Fill in the blanks with the correct futur simple conjugations:

1. Nicholas <u>sera</u>debout dans le premier rang.

2. Sophie <u>aura</u>13 ans en décembre.

3. Ils <u>finiront</u>leurs devoirs avant de jouer.

4. Nous nous <u>habillerons</u>vite pour sauver le temps.

5. <u>J'irai</u>à Paris l'année prochaine.

# Review 4

**CLASS OBJECTIVE:**To learn everything done this week.

**CONCEPT A:**Les Adjectifs Possessifs

| Pronoun | Masculine | Feminine | Plural |
|---|---|---|---|
| Je | mon | ma | mes |
| Tu | ton | ta | tes |
| Il/Elle | son | sa | ses |
| Nous | notre | notre | nos |
| Vous | votre | votre | vos |
| Ils/elles | leur | leur | leurs |

**CONCEPT B:**Prépositions

- à      at, in, to
- après      after
- avant      before
- avec      with
- à côté de      next to

- à droit de     to the right
- à gauche de     to the left
- chez     at/to ...'s house/place
- contre     against
- dans     in(side)
- de     of, from
- depuis     since, from
- derrière     behind
- devant     in front of, outside (the front of)
- au-dessus     above
- au-dessous     below
- en     in
- entre     between, among
- environ     about, approximately
- par     by, through
- près de     near to
- loin de     far from
- pendant     during
- pour     for

- sans        without

- sauf        except

- selon        according to, depending on

- sous        under(neath)

- sur        on

- vers        towards

**CONCEPT C:**Groups of verbs (ER, IR and RE verbs)

### 1. ER verbs

REGARD**ER**

- Je        regard**e**

- Tu        regard**es**

- Il/Elle/On   regard**e**

- Nous        regard**ons**

- Vous        regard**ez**

- Ils/Elles        regard**ent**

### 2. IR verbs

REMPL**IR**

- je        rempl**is**

- tu        rempl**is**

- il/elle/on        remplit

- nous      rempl**issons**

- vous      rempl**issez**

- ils/elles      rempl**issent**

## 3. RE verbs

PERD**RE**

- Je      perd**s**

- Tu      perd**s**

- Il/Elle/On   perd

- Nous      perd**ons**

- Vous      perd**ez**

- Ils/Elles      perd**ent**

**CONCEPT D:**French partitive articles

| Masculine singular | Du |
|---|---|
| Feminine singular | De la |
| With a vowel/silent "h" | De l' |
| Pural (m and f) | Des |

## PRACTICE A: Complétez les phrases suivantes avec adjectifs possessifs.

1.  J'aime beaucoup _________ nouvelle voiture !

2.  ______ maison se situe à Londres. (Tu)

3.  Ils ont perdu ______ affaires à l'aéroport.

4.  _______ cabane est tout en haut de cet arbre. (Nous)

5.  J'aime beaucoup ______ nouvelle maison !

6.  _______ chambre est plus grande, maintenant. (Vous)

7.  ______ ordinateur a été réparé. (Il)

8.  Veux-tu que je te donne ______ livre ?

9.  Puis-je ouvrir _______ fenêtre ? Il fait très chaud. (Je)

10. Je trouve que _____ jardin est magnifique !

## PRACTICE B: Complete the blanks with the correct prepositions.

1.  Samedi prochain je vais ______ mon meilleur ami.

2.  Nous partirons cette année faire du ski ____ février.

3.  ________ la météo, il fera beau la semaine prochaine.

4.  _____ 2004, nous sommes allés en Allemagne ou au Mexique ?

5.  Le magasin est ouvert _____ 8 heures ______ 20 heures.

## PRACTICE C: Write the correct prepositions in English.

1.  Contre

2. dans

3. de

4. depuis

5. derrière

6. Devant

7. au-dessus

8. au-dessous

9. en

10. entre

11. environ

12. par

13. près de

14. loin de

15. pendant

16. pour

17. sans

18. sauf

19. selon

## PRACTICE D: Put the right conjugation of verbs

1. Vous ______________ à la cantine ? (manger)

2. La cuisine est sale, tu ____________ demain ? (nettoyer)

3. Nous ___________ à adorer le français. (commencer)

4. Flona et moi, nous _________ au Mexique en été. (voyager)

5. Joe et Corey _______ dans la piscine. (nager)

6. Tex et moi, nous ___________ un ordinateur. (partager)

7. Les enfants ___________ de parler français. (essayer)

## PRACTICE E: Fill in the blanks with the correct form of avoir or être:

1. Elle _____ lavé la voiture. - He washed the car.

2. Vous _____ fait un gâteau. - You made a cake.

3. Je me _____ réveillé à 6 heures ce matin. - I woke up at 6 am this morning

4. À Paris, nous _____ visité le Château.- At Paris, we visited the castle.

5. Hier, je _____ allé au cinéma. - Yesterday, I went to a movie.

6. J'_____ mangé tout le gâteau. - I ate the entire cake.

7. Sophie _____ née à Nice. - Sophie was born in Nice.

8. Humpty _____ tombé du mur. - Humpty fell from the wall.

9. Mes sœurs _____ venues. - My sisters came.

10. Comme il pleuvait, nous _____ pris la voiture. - As it was raining, we took the car.

## PRACTICE F: Fill in the blanks with correct future simple conjugations:

1. Nicholas _________ debout dans le premier rang. (Être) - Nicholas will be standing in the first row.

2. Sophie _______ 13 ans en décembre. (Avoir) - She will be 13 in December.

3. Ils _________ leurs devoirs avant de jouer.(finir) - They will finish their homework before playing.

4. Nous _________ vite pour sauver le temps. (S'habiller) - We will dress up fast to save time.

5. J'______ à Paris l'année prochaine.(aller) - I will go to Paris next year.

## PRACTICE G: Complétez avec les articles:

1. Tanvi mange _________ fruits tous les jours.

2. Nous prenons _________ fromage.

3. Elle boit _______ lait et je mange _______ chocolat.

4. J'aime _________ thé.

5. Il boit ______ café et _______ jus de fruits.

## ANSWERS :

## PRACTICE A

1. Ma

2. Ta

3. Ses

4.  Notre

5.  Ma

6.  Votre

7.  Son

8.  Mon

9.  Ma

10. Mon

## PRACTICE B

1.  Samedi prochain je vais **chez**mon meilleur ami.

2.  Nous partirons cette année faire du ski **en**février.

3.  **Selon** la météo, il fera beau la semaine prochaine.

4.  **En**2004, nous sommes allés en Allemagne ou au Mexique ?

5.  Le magasin est ouvert **de**8 heures **à**20 heures.

## PRACTICE C

1.  contre            against

2.  dans              in(side)

3.  de                of, from

4.  depuis            since, from

5.  derrière          behind

6.  devant            in front of, outside (the front of)

7.  au-dessus    above

8.  au-dessous   below

9.  en           in

10. entre         between, among

11. environ       about, approximately

12. par           by, through

13. près de       near to

14. loin de       far from

15. pendant       during

16. pour          for

17. sans          without

18. sauf          except

19. selon         according

## PRACTICE D

1.  Vous mangez à la cantine ? (manger)

2.  La cuisine est sale, tu nettoies demain ? (nettoyer)

3.  Nous commençons à adorer le français. (commencer)

4.  Flona et moi, nous voyageons au Mexique en été. (voyager)

5.  Joe et Corey nagent dans la piscine. (nager)

6.  Tex et moi, nous partageons un ordinateur. (partager)

7.  Les enfant essaient de parler français. (essayer)

**PRACTICE E:Fill in the blanks with the correct form of avoir or être:**

1. Elle <u>a</u>lavé la voiture. - He washed the car.

2. Vous <u>avez</u>fait un gâteau. - You made a cake.

3. Je me <u>suis</u>réveillé à 6 heures ce matin. - I woke up at 6 am this morning

4. À Paris, nous <u>avons</u>visité le Château.- At Paris, we visited the castle.

5. Hier, je <u>suis</u>allé au cinéma. - Yesterday, I went to a movie.

6. J'<u>ai</u>mangé tout le gâteau. - I ate the entire cake.

7. Sophie <u>est</u>née à Nice. - Sophie was born in Nice.

8. Humpty <u>est</u>tombé du mur. - Humpty fell from the wall.

9. Mes sœurs <u>sont</u>venu**es**.- My sisters came.

10. Comme Il pleuvait, Nous <u>avons</u>pris la voiture. - As it was raining, we took the car.

**PRACTICE F: Fill in the blanks with the correct futur simple conjugations:**

1. Nicholas <u>sera</u>debout dans le premier rang.

2. Sophie <u>aura</u>13 ans en décembre.

3. Ils <u>finiront</u>leurs devoirs avant de jouer.

4. Nous nous <u>habillerons</u>vite pour sauver le temps.

5. J'<u>irai</u>à Paris l'année prochaine.

**PRACTICE G**

1.  Des

2.  Du

3.  Du, du

4.  Le

5.  Du, du

# Practice Test 2

**Class objective**:  To revise everything done in the week.

**Practice A: Choisissez la bonne réponse :**

Je vis dans un (petit/petite) pays, dans une ville très agréable : une ville (nouveau/nouvelle) avec beaucoup de charme. Mon appartement se trouve dans un quartier plutôt (ancien/ancienne), dans une (joli/jolie) rue. Les voisins sont très (gentil/gentils/gentille/gentilles) et je pense que nous allons bientôt devenir de très (bon/bons/bonne/bonnes) amis. En plus, ils ont deux (joli/jolie/jolis/jolies) (petit/petits/petite/petites) filles comme nous !

**Practice B : Remettez dans l'ordre les mots dans les phrases suivantes :**

1. Le Luxembourg est ……... un/état/petit/européen/

2. Le Congo est ………. un/africain/grand/pays/

3. Québec est ……… une/ville/charmante/vieille/

4. Victor Hugo est ……….. un/écrivain/ français/grand/

5. Marion Cotillard est ………… une / actrice/ talentueuse/jeune/

6. Le français es ………t une/langue/belle/internationale/

**Practice C: Conjuguez les verbes au présent:**

1. Je ______ de chez mon voisin. (venir)

2. Elles __________ en Espagne pour les vacances (aller)

3. Il ________ à Santiago. (habiter)

4. Prem ________ à New Delhi. (travailler)

5. Harry ________ passionné d'histoire. (être)

## Practice D: Complétez les phrases suivantes en choisissant - à la, au, à l', aux

1. Tu vas ___ restaurant ou ____ maison ?

2. Je joue ____ tennis.

3. Le sport est ____ féminin ou _____ masculin.

4. Marie étudie _____ université.

5. Le père parle _______ enfants.

## Practice E: Read the passage

### Biographie

Stroma e est né le 12 mars 1985 à Bruxelles. Sa mère est flamande et son père rwandais. Son vrai nom est en fait : Paul Van Haver. Aujourd'hui, c'est un artiste auteur-compositeur-interprète de hip-hop, de musique électronique et de chanson française. Il vit depuis qu'il est petit dans la région de Bruxelles. Quand Stroma e se présente, il dit : « Je suis un Belge qui a grandi avec la langue française et un peu de flamant. »

À 18 ans, il commence sa carrière de rappeur en 2000 avec son ami J.E.D.I en créant le groupe de rap Suspicion. En 2009, il devient une star grâce à sa chanson. Alors on danse et il gagne un premier NRJ Music Awards.

En Belgique et en France, Stroma e est une véritable star et tout le monde le connaît. On entend maintenant ses chansons à la radio au Mexique, au Brésil, en Russie et au Canada. On peut dire que Stroma e est l'artiste francophone de l'année !

**Practice F: Choisissez la bonne réponse :**

C'est **(ta/ton/tes)**ami ? Je connais très bien **(sa/son/ses)**femme, ils viennent de se marier. C'est **(ma/mon/mes)**meilleure amie tu sais ? **(Sa/Son/Ses)**Parents habitent juste à côté de chez **(ma/mon/mes)**grands-parents depuis plus de 30 ans. C'est aussi **(ma/mon/mes)**famille.

**Practice G:Remettez les phrases suivantes a passé composé :**

1.  Nous appelons nos enfants.

2.  Tu regardes la télé.

3.   Nous ne sommes pas en retard.

4.  Vous faites le devoir.

5.  Tu vas à l'école.

6.  Nous savons la vérité.

7.  Tu es dans la maison.

8.  Vous ne sortez pas.

**Practice H: Regarder les illustrations et complétez les phrases avec les prépositions :**

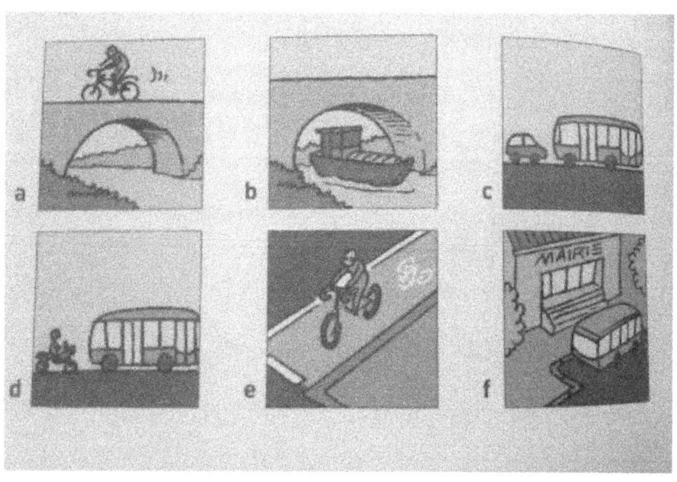

1. Le vélo passe ___________ le pont.

2. Le bateau passe _________ le pont.

3. Le bus est _________ la voiture.

4. La moto est _______ le bus.

5. Le vélo roule ___________ la piste cyclable.

6. Le bus est garé _________ de la mairie.

**Practice I: Complétez les phrases avec le correct conjugaison du verb en Présent:**

1. Nous _________ le gâteau. (manger)

2. Tu _________ tôt chaque matin. (se lever)

3. Les enfants _________ les cailloux(pebbles) dans la rivière. (jeter)

4.  Il _________ son ami tous les matins.(every morning) (attendre)

5.  J'_________ du bruit. (entendre)

6.  Nous _________ notre voiture. (vendre)

7.  Vous _________ un bon cadeau pour votre ami. (choisir)

8.  Les filles _________ vite. (grandir)

9.  Il _________ a son examen. (réussir)

10. Nous _______ une nouvelle voiture. (acheter)

## Practice J: Complétez les phrases avec l'article partitif :

1.  Je mange _________ viande tous les jours à midi.

2.  Il ne mange pas _________ pain au déjeuner.

3.  Je voudrais _________ fromage.

4.  Vous désirez un peu _________ eau ?

5.  J'achète _______ fruits.

6.  Tu bois _____ thé ou _____ limonade ?

## Practice K: Complétez les phrases avec le correcte conjugaison du verb en Futur Simple:

1.  Demain, vous _________ au collège. (aller)

2.  Tu _________ tôt demain matin. (se lever)

3.  Les enfants _________ les cailloux(pebbles) dans la rivière, la semaine prochaine(next week). (jeter)

4.  Il _______ son ami lundi soir pour aller au cinéma. (attendre)

5.  Nous ________ notre voiture, le mois prochain.(next month) (vendre)

6.  Vous _______ un bon cadeau pour votre ami, samedi, au centre commercial. (saturday in the mall) (choisir)

**Answers:**

**Practice A:**

Petit, nouvelle, ancien, jolie, gentils, bons, jolies, petites

**Practice B:**

1.  Un petit État européen

2.  Un grand pays africain

3.  Une vieille ville charmante

4.  Un grand écrivain français

5.  Une jeune actrice talentueuse

6.  Une belle langue internationale

**Practice C:**

1.  Viens

2.  Vont

3.  Habite

4.  Travaille

5.  est

**Practice D:**

1.  Au, à la

2.  Au

3.  Au, au

4.  À l'

5.  Aux

**Practice F:**

Ton, sa, mon, ses, mes, ma

**Practice G:**

1.  Nous avons appelé nos enfants.

2.  Tu as regardé la télé.

3.  Nous n'avons pas été en retard.

4.  Vous avez fait le devoir.

5.  Tu es allé à l'école.

6.  Nous avons su la vérité.

7.  Tu as été dans la maison.

8.  Vous n'êtes pas sorti.

**Practice H:**

1.  Sur

2.  Sous

3. Devant

4. Derrière

5. Sur

6. En face

## Practice I:

1. mangeons

2. te lève

3. jettent

4. attend

5. entends

6. vendons

7. choisissez

8. grandissent

9. réussit

10. achetons

## Practice J:

1. de la

2. du

3. du

4. de l'

5. des

6.  du, de la

**Practice K:**

1.  irez

2.  te lèveras

3.  jetteront

4.  attendra

5.  vendrons

6.  choisirez